# 살리는 샘

# 살리는 샘

THE LIVING WATER

구금섭

성경의 가치를 넘께서 성경을 람에게서 이야기하 입니다. 우리가 주님의 주님께서 들려주신 말씀을 들 는 하나 통해 사 신다는 것 제자가 되려면 어야 합니다.

주님께서는 2,000년 전 당시 사람들에게 만 말씀하신 것이 아니라 지금도 말씀하십니다. 사도바울이나 사도요한, 베드로에게만이 아니고 지금도 우리에게 말씀하십니다.

우리가 주님의 말씀을 전하려고 할 때마다 우리는 직접 하나님의 계시를 듣지 않으면 안 됩니다. 만약, 주께서는 단 한 마디의 말씀을 하시지 않았는데도 우리가 멋대로 설교해 버린다면 말씀은 결 집니고 다만 죽어버린 교리만 가르치는 결과가 됩니다. 때문에 그 교리 밑에서 무수한 생명이 죽어 갈 것입니다. 얼마나 비통하고 슬픈 일입니까? 깨끗게 한다는 말은 무엇을 뺀다는 말이지 결코 무엇을 더한다는 말이 아닙니다. 인간적인 것, 육신적인 것을 벗기고 벗기는 작업을 이 말씀이 하신다는 것입니다.

그런데 신학이라는 껍질, 성경지식의 껍질, 교리의 껍질 등 여러 가지 껍질이 더욱 두터워진다면 차라리 성경공부를 하지 않는 것만 못할 것입니다.

대표적으로 바리새인과 서기관들, 교리주의자들이 그들입니다. 이들은 성경을 많이 알고 있었기 때문에 그것 가지고 얼마나 무수한 생명을 죽였습니까? 직접 계시를 받지 못한 사람은 하나님 일에 방해가 될 뿐입니다.

아무쪼록 하나님께서 요한사도를 통해 하신 말씀이 직접 여러분에게 무가뭄어 생수의 강물처럼 흘러 갈급한 영혼들을 적셔 주시길 바라는 마음 간절합니다.

한국학술정보(주)

# 머 리 말

성경의 가치는 하나님께서 성경을 통해 사람에게 이야기하신다는 것입니다. 우리가 주님의 제자가 되려면 주님께서 들려주신 말씀을 들어야 합니다.

주님께서는 2000년 전 당시 사람들에게만 말씀하신 것이 아니라 지금도 말씀하십니다. 사도바울이나 사도요한, 베드로에게만이 아니고 지금도 우리에게 말씀하십니다.

우리가 주님의 말씀을 전하려고 할 때마다 우리는 직접 하나님의 계시를 듣지 않으면 안 됩니다. 만약, 주께서는 단 한 마디의 말씀을 하시지 않았는데도 우리가 멋대로 설교해버린다면 말씀은 결핍되고 다만 죽어버린 교리만 가르치는 결과가 됩니다. 때문에 그 교리 밑에서 무수한 생명이 죽어갈 것입니다. 얼마나 비통하고 슬픈 일입니까? 깨끗케 한다는 말은 무엇을 뺀다는 말이지 결코 무엇을 더한다는 말이 아닙니다. 인간적인 것, 육신적인 것을 벗기고 벗기는 작업을 이 말씀이 하신다는 것입니다.

그런데 신학이라는 껍질, 성경지식의 껍질, 교리의 껍질 등 여러 가지 껍질이 더욱 두터워진다면 차라리 성경공부를 하지 않는 것만 못할 것입니다.

대표적으로 바리새인과 서기관들, 교리주의자들이 그들입니다. 이들은 성경을 많이 알고 있었기 때문에 그것 가지고 얼마나 무수한 생명을 죽였습니까? 직접 계시를 받지 못한 사람은 하나님 일에 방해가 될 뿐입니다.

아무쪼록 하나님께서 요한사도를 통해 하신 말씀이 직접 여러분에게 부각되어 생수의 강물처럼 흘러 갈급한 영혼들을 적셔 주시길 바라는 마음 간절합니다.

주후 2007년 10월
하루의 첫 태양이 머무는 집에서 구금섭 목사

# 차 례

요한복음
총 론

본문: 요 1:1~18
(요한복음을 기록한 목적): 요 20:30~31

## 1. 저자는 누구인가?

사도요한(13:23, 19:26, 20:12)
 1) 벳세다 세베데와 살로메의 아들. 야곱의 동생(마 4:21)
    어머니 살로메는 마리아와 자매, 예수님과 이종간
 2) 아버지와 형과 함께 어업(막 1:19)
    고기를 잡고 있다가 부름에 응함.
 3) 안드레와 세례요한의 제자(요 1:35)
 4) 형 야고보와 같이 우뢰의 아들이라는 별명을 가지고 있다.(막 3:17)
 5) 12제자 중 가장 연소(요 13:23)하여 가장 사랑받은 제자
    최후의 만찬 시 주님의 품에 의지한 사람
 6) 주님과 가장 가까운 3제자 중 한 사람(마 17:1)
 7) 주님이 십자가 달리실 때 홀로 밑에서 어머니 마리아를 부탁받
    음.(요 19:26~27)

8) 주님 부활하셨을 때 무덤을 향해 먼저 뛰어갔으나 관찰을 하고 있었다.(베드로와 요한이 같이 갔으나 베드로는 행동을 취하고 요한은 주의깊게 생각 · 관찰 · 행동함.)

9) 바닷가에 계신 예수 그리스도를 먼저 발견.(요 21:7)

※ 베드로는 행동파라면 요한은 관찰력이 강함.

베드로는 고기를 잡다가 부름을 받았지만 요한은 그물을 고치다 부름에 응함, 베드로는 3천 명, 5천 명을 한번에 회개시켜 복음을 널리 전파했다면, 요한은 사랑의 사도로, 흩어진 것을 모으고 고쳐나가는 작업을 한 것이다. 바울은 거기에 기둥을 세워 기독교의 중축을 이루었다.

10) 에베소에서 신앙을 지도하고 밧모섬에서 유배되었다가 다시 에베소에서 지냈다. A. D 100년경 천수를 다하고 세상을 떠났다.(제자 중 천수를 다한 분은 요한뿐이다.)

11) 요한의 생애를 4분할 수 있다.

① 가정생활

② 제자의 삶

③ 예루살렘 교회 지도자 생활

④ 에베소 망명기

12) 그의 저서

요한복음, 요한 1, 2, 3서 요한계시록 - 5권

※ 신약에 요한의 이름을 가진 사람 -

세례요한, 베드로의 아버지(요 21:15)

마가요한, 공회의원 요한(행 4:6) 사도요한

※ 말씀을 보는 태도

성서가 나에게 직접 하시는 말씀으로 대하라!

## 2. 저작 연대와 장소

장소: 에베소 - 에베소는 당시 인구 20만으로 정치 경제 문화 종교적으
로 소아시아의 중심지
연대: A. D 90~100년 사이

## 3. 본서의 목적은?(요 20:30~31)

요한복음은 어떤 계급이나 인종의 차이가 없이 주어진 세계적인
복음이요 믿음을 권장하는 신앙적인 복음서다.
그 내용은 예수가 하나님의 아들이시며, 그 신앙의 목적은 영생
이다.
※ 예수 그리스도가 하나님의 아들이심은 이방인에게,
그리스도이심은 유대인에게, 영생을 얻게 하실 분임은 이방인, 유대와
온 세상 사람에게.

## 4. 본서의 특징은?

본서는 아버지의 품을 떠나 성육화(Incarnation)하신 하나님의 독
생자로서의 예수를 보여주고 있다.
① 동적인 복음서다. 많은 인물들의 눈부신 활약을 보여주고 있
다.(사도들, 성녀들, 세례요한, 니고데모 등등)
그리고 믿음을 강조하면서도(Faith) 신앙이라는 명사보다는 Believe
라는 동사를 98회나 썼다.
② 영적인 복음서다.
그 시작의 말씀은 분명히 창세기의 그것과 상통하면서 창세기

가 가시적(可視的)인 초생(初生)의 역사임에 반하여 이 복음은
불가시적(不可視的)인 중생의 도리를 말하고 있다.

하나님의 창조의 안식 속에서 쫓겨난 인생을 사랑하시고 독생
자를 보내시어 영적인 세계를 이루시고 우리를 부르고 계신다.

③ 상징적인 복음서다.

예수 그리스도는 빛, 사랑, 진리, 말씀, 생명 등 상징적으로 나타
났고 또 상징적인 숫자(예를 들면 3과 7)로 엮어있다. 예수님
은(는) 갈릴리에 3번 가셨고 유월절을 3번 지키셨고 그의 제
자가 3번 부인했고 십자가 상에서 3번 말씀하셨고 부활 후 3
번 나타나셨다. 그리고 요한복음 전(全)편은 3과 7의 승수인
21장으로 기록되어있다. 특히 7가지 이적이 선택되어있다.

a. Turning water in to wine(2:1~11)

　　물로 포도주를 만듦.

b. Healing the noble man's son(4:46~54)

　　왕의 신하의 아들을 고치심.

c. Healing the man at Bethesda(5:1~47)

　　베데스다 병자를 고치심.

d. Feeding the 5,000(6:1~14) 5천 명을 먹이심.

e. Walking on the water(6:15~21) 물 위를 걸으심.

f. Healing the blind man(9:1~40) 눈먼 자를 고치심.

g. Raising the Lajarus(11:1~15) 죽은 나사로를 살리심.

④ 그리고 증거의 복음서다.

하나님의 아들 예수 그리스도에 대한 본서의 7증거는 다음과
같다.

a. This in the Son of God(세례요한, 1:34)

b. You are the Son of God(나다나엘, 1:49)

c. You are the Holy one of God.(베드로, 6:69)

d. You are the Christ, the Son of God(마리아, 11:27)

e. My Lord, and my God(도마, 20:28)

f. Jesus is the Christ, the Son of God(요한, 20:31)

g. I am the Son of God(그리스도 자신, 10:36)

⑤ 요한복음은 다른 복음서보다 더 완전하게 그리스도 자신과 하나님에 관해서(of Himself and God) 계시하고 있다.

   ㉠ 그의 품격과 속성에 대해(나는 ~이다)(출 3:14)

     a. I am the Messiah(4:26).

       메시아: 기름 부은 자(선지자, 왕 제사장)

     b. I am the bread of Life(6:35) 나는 생명의 떡

     c. I am the light of the World(9:5) 나는 세상의 빛.

     d. I am the resurrection and Life(11:25) 나는 부활이요, 생명.

     e. I am the way. the truth, the life(14:6)

       나는 길이요 진리요, 생명이다.

     f. I am the true wine(15:1) 나는 참포도나무요.

     g. I am door for the sheep(10:9) 나는 양의 문이요.

     h. I am the from Above(8:23) 나는 위에서 났다.

     i. I am the Eternal One(8:58) 나는 영원자다.

     j. I am the son of God.(10:36) 나는 하나님의 아들

     k. I am the Lord and Master(13:13) 나는 주시며 선생이다.

   ㉡ 그의 신격에 대해서(Divinity)

     a. 말씀은 곧 하나님(1:1)

     b. 나와 아버지는 하나(10:30)

     c. 나는 하나님(10:33)

     d. 나를 본 자는 하나님을 보았다.(14:9)

     e. 아버지께 있는 것은 다 내 것.(16:15)

   ㉢ 성령의 역사에 대해서

       a. 영원한 동행자(14:16)

       b. 보혜사, 교사(14:26)

       c. 예수 그리스도의 증거자(15:26)

       d. 책망하는 자(16:8)

       e. 인도자, 예고자(16:13)

       f. 예수 그리스도를 영화롭게 하는 자(16:14)

       g. 예수 그리스도를 알리는 자(16:15)

ⓔ 그 자신의 거룩한 사명에 대해서

하나님께로서 보냄을 받으셨다는 것을 연속 말씀하신다.(5:23, 24, 30, 36, 37, 38)

ⓜ 하나님의 부성(父性)에 대하여(The Fatherhood of God)

그리스도는 하나님을 아버지라고 100회 이상 말씀하셨다.

       a. 영적 아버지(The spiritual Father 4:23)

       b. 생명을 주시는 아버지(The Life giving Father 5:1)

       c. 교훈은 아버지의 것.(7:16)

       d. 아버지는 만물보다 크심.(10:29)

       e. 일은 아버지께서 하심.(14:10)

       f. 내주하시는 아버지(The indwelling Father 14:23)

       g. 영원하신 아버지(The eternal Father 17:11)

       h. 의로우신 아버지(The righteous Father 17:25)

ⓗ 요한복음에서 발견되는 예수님과의 대화 및 강화는 다음과 같다.

       a. 니고데모와의 대화(3:1~21)

       b. 사마리아 여인과의 대화(4:1~26)

       c. 장막절에 유대인들에게 하신 강화(7:14~39, 8:3~58)

          • 성전에서 안식일에 사람의 전신을 건전하게 한 것으로

          • 바리새인이 간음한 여인을 끌고 왔을 때

d. 선한 목자의 비유(16:1∼18)

e. 제자들에게 대한 사적 교훈, 위로의 말씀 및 대속(14:∼ 16:)

f. 디베랴 바다에서 제자들과 만나서 위로와 사명을 분부하심.(21:1∼23)

㉧ 요한복음에는 그때의 사상적 조류가 있다.

  a. 믿음에 관한 사조-3:16, 18, 5:24, 6:29, 40, 7:38, 8:24, 10:37, 38, 11:25∼27

  b. 영생에 관한 사조-3:15∼16, 36, 4:14, 5:24, 6:27, 51 11:26, 12:50, 17:7, 20:31

◎ 요한복음에는 생략된 것이 많다.

  a. 예수님의 족보가 생략되었다.

    그는 태초(in the Beginning)에 계셨기 때문이다.

  b. 예수님의 탄생기가 생략

  c. 예수님의 소년 시절에 대한 기록이 생략

  d. 예수님의 시험 당하신 기록이 생략(그는 시험 당하신 분으로가 아니라 그리스도이시다. 주님으로 나타나셨기 때문이다.)

  e. 예수님의 산상변화, 제자 임직에 관한 기록, 승천에 관한 기록이 생략.

  f. 겟세마네 동산의 고민 생략

㉩ 다른 복음서에 없는 독특한 기사가 있다.

  a. 니고데모 이야기

  b. 사마리아 여인

  c. 베데스다 병자

  d. 선한 목자

  e. 나사로의 부활

　　f. 다락방 강화

ⓩ 요한복음에 채택된 그의 칭호는 다음과 같다.

　　a. 말씀(Logos)

　　b. 창조주(Creater)

　　c. 아버지의 독생자(The only begotten of the Father)

　　d. 인자(The son of man)

　　e. 하나님의 아들(The son of God)

　　f. 신령한 교사(The divine teacher)

　　g. 하나님의 어린양(The lamb of God)

　　h. 선한 목자(The good shepherd)

　　i. 왕(The king)

　　j. 구세주(The savior)

　　k. 주(The Lord)

ⓚ 예수는 하나님의 아들이시다.

　　a. 예수의 놀라운 기록은 성육신 이전의 그리스도께 대한 언급으로부터 시작했다. 그가 하나님의 아들이심은 성육신 이전부터였기 때문이다.

　　b. 요한복음의 첫 구절들은 다른 세복음서들의 그것들과 비교해 보면 얼마나 거론의 방법이 판이한가를 알 수 있다.
　　　"태초에 말씀이 계시다."
　　　"하나님이 천지를 창조하시다."

　　c. 인자로서 예수의 족보와 탄생기는 생략되고 창세 이전에 선제하셨던 말씀으로서 그에게서 출발한다. 마치 창세기의 서두를 읽는 것과 같다.

　　d. 그에게는 시초가 없다. 그가 태초에 계셨다. 그는 영원하시다. 그러므로 그는 창조의 한 부분이 아니라 창조주이시다.

그리고 그를 말씀(Logos)이라고 한 것은 언어가 사상(思想)을 나타내듯이 그가 하나님을 나타내셨다는 뜻이다.

e. 서문에 나타나고 있는 어조는 장엄하고 그 사상은 웅대하다. 우뢰의 아들 같은 기질을 보여준 것도 같다. 이 서문은 뚜렷한 본서의 목적을 선명하게 보여주고 있다. 이 서문은 시어(詩語)로 되어있어서 말씀의 송가라고 부르고 있다.

제 1 장

# 1. 말씀이 육신이 되신 예수님(1:1~18)

## 말씀의 묵상(Thinking)

1) 말씀(Logos)이란 무엇인가?

　그리스도를 전제한다.

　① 하나님이시다.(1)

　② 천지가 창조되기 전에 하나님과 함께 계신 분이다.(2)

　③ 만물이 그로 말미암아 지은 바 되었다.(3)

　④ 그 안에 영원한 생명(Eternal Life)이 있었다.(4)

　⑤ 그는 사람들의 빛이셨다.(4)

　　－하나님의 속성, 요한일서 1:5~

　⑥ 말씀이 사람이 되셨다.(14:Incarnation)

　⑦ 그의 영광이 하나님의 아들의 영광이고 은혜와 진리가 충만하셨다.(14)

　⑧ 예수 그리스도이시고 하나님의 아들이시다.


※ Logos 개념의 배경

　① 유대에 있어서 말씀이란 단순한 '소리'보다 그 이상의 것이다. 말씀이란 하나의 적극적이고도 독립적인 실존성을 가진 것이며 실제로 어떤 일을 행하는 것이다.

　② 구약성서는 말의 능력에 대한 그런 일반적인 개념으로 가득 차 있다.

　　하나님의 말씀은 창조의 능력이 있다.

　③ 히브리인의 종교 생활 속에 이러한 하나님의 말씀의 개념을

크게 발전시키는 사상이 들어있다.

[출 19:7] - 모세가 하나님을 맞으려고……

(탈쿰 - 아랍어로 번역) 모세가 하나님의 말씀을 맞으려고

[출 31:13] - 나와 너의 사이에 너희 대대의 표징이니 탈쿰에는 나의 말씀과 너희의 표징이니

[사 48:13](탈쿰) - 나의 말씀으로 땅의 기초를 정하시고(내 손이 땅의 기초)

④ 말씀에 대한 희랍어는 λoros인데 Logos는 말씀이란 의미만 가지고 있는 것이 아니다. 이성이란 의미도 갖고 있다. 그러므로 하나님의 말씀과 하나님의 이성이 내포되어있다.

(잠 4:5-13): "훈계를 굳게 잡아 놓치지 말고 지켜라 이것이 내 생명이니라."


2) 말씀이 하나님과 함께 계셨다는 의미는?

하나님과 예수님 사이에는 언제나 가장 친밀한 연관이 있어 왔다는 것이다.

(로고스는 하나님과 사랑의 관계로 존재)

말씀이 곧 하나님이다. 말씀은 하나님의 성질을 가지고 있을 뿐만 아니라, 그 자신이 하나님이시다. 여기에 말씀의 본질이 계시된다. 로고스의 영원성과 인격성과 신성을 뜻 깊게 보이고 있다.


3) 말씀이 하나님과 함께 계셨다는 말씀은 무슨 의미인가?

고후 5:1~4, 벧후 1:3

인간을 구하기 위해서는 인간으로 오셔야만 했다. 그리고 인간을 구원하시기 위해 이스라엘의 회막에 머무신 하나님이셨다.

[마 1:13. 임마누엘……하나님이 우리와 함께 계시다.]

※ 하나님이 육신으로 이 땅에 오셔서 우리와 함께 계시니 그 영
광은 외아들이 하나님에게서 받은 영광이요 은혜와 진리가 충
만했던 분이시다.

4) 어떻게 우리가 하나님의 외아들이 되는가?(12~)
  ① 예수 그리스도를 영접하고 믿음으로 하나님의 자녀가 된다.
  "아들이 있는 자에게는 생명이 있고 아들이 없는 자에게는 생
  명이 없다." (요일 5:11) 왜냐하면 하나님의 생명이 그리스도
  안에 있기 때문이다.(1:4, 5:26, 11:25)
  그 생명을 내 안에 모셔 들임으로 하나님의 자녀가 되는 것이
  다. 하나님의 자녀는 하나님이 창조했다고 해서 모두가 하나
  님의 자녀가 아니라 하나님의 생명인 Eternal Life(예수 그리스
  도의 생명)이 있어야 하나님의 자녀인 것이다.
  ② 하나님으로부터 나야 한다.(13~)
  육정으로나 혈통으로나 사람의 뜻으로 나지 아니하고 하나님
  으로부터 나야 하나님의 자녀다.
  인격 향상이나 수양·도통·해탈·불성을 발견한 것으로 되지
  않고 수동적으로 성령의 역사로 나야 한다. 육으로 난 것은
  육이요, 성령으로 난 것은 영이다.(요 3:6)

  ※ 무엇이 선이고 악이냐가 문제가 아니라, 너희 출생지가 어디
  냐가 문제다. 생일이 하나뿐인가, 그리스도 안에서 새 생명으
  로 다시 태어났는가가 문제다. 생일이 한번뿐인 사람은 아무
  리 선한 사람이라 할지라도 육은 육이요 하나님과 원수이고
  하나님을 기쁘시게 하지 못한다.

5) 세상이 왜 참 빛이요 생명이신 예수 그리스도를 영접하지 않았는가?

① 어두움이 빛을 깨닫지 못함.(5~)

② 그를 알지 못하므로(10~)

　하나님을 알지 못하므로(15:21)

③ 자기 행위가 악하므로(3:19)

④ 예수 그리스도께서 세상에 속하지 않았기 때문에(17:14, 15:19)

⑤ 예수 그리스도께서 아무도 못한 일을 하셨기 때문에(15:23, 24)


6) 율법과 은혜가 다른 점은?

| -율법- | -은혜- |
|---|---|
| 모세를 통해서 | 예수 그리스도를 통해서 |
| 들판에 | 마음판에 |
| 시내 산에서 | 갈보리 산에서 |
| 지상에서 인간에게 | 천국에서 인간에게 |
| 옛 계명 | 새 계명 |
| 행함으로 | 믿음으로 |
| 양이 목자를 위해 | 목자가 양을 위해 |
| 간음한 여인을 돌로 | 나도 정죄하지 않겠다 |
| 죽음 | 생명 |
| 아무리 선한 사람도 정죄 | 아무리 악한 사람도 용서 |


7) 하나님을 본 사람이 있는가?(18~)


8) 누구를 통해서 볼 수 있는가?(14:8~9)


9) 세례요한은 어떤 사람인가?

　① 부모는 사가랴와 엘리사벳(눅 1:40)

　② 하나님의 은혜로운 선물이란 뜻

③ 구약의 예수 그리스도에 관한 수많은 증언자 중에서 최후의 증언자 친히 목격하면서 증언한 사람(마 11:13)

④ 메시야 앞에 올 예언자였다.(말 4:5, 요 3:28)

⑤ 빛에 대하여 증거하였다.(1:8, 34)

⑥ 그는 광야에서 약대 털옷을 입고, 메뚜기와 석청을 먹고 청렴한 생활을 한 사람(마 3:4)

⑦ 광야에서 외치는 자의 소리(요 1:23, 마 3:3~3)
   [회개하라! 천국이 가까웠느니라.]

⑧ 바리새인들과 사두개인들에게, "독사의 자식들아, 누가 너희를 가르쳐 임박한 진노를 피하라 하더냐?"고 외쳤다.

⑨ 예수 그리스도께서 요한에게 세례를 받으셨다.(15~16, 마 3:7)

⑩ 그는 빛이 아니요 켜서 비추는 등불이었다.(8~)
   a. "자기는 쇠하고 그리스도께서 흥해야 한다."고 예수 그리스도만 나타냄.
   b. 헤롯이 동생의 아내를 취한 것은 옳지 않다고 왕의 비행을 지적(막 6:17239)한 것 때문에 목 베어 죽음.

10) 사도요한이 그린 예수 그리스도의 모습은?
   ① 그는 Logos의 화신(1:14)
   ② 우주의 창조자(3~)
   ③ 참빛, 생명(4~)
   ④ 은혜와 진리가 충만(16)
   ⑤ 그는 하나님 자신이시고 하나님의 아들이시다.(18)

※ 마태-유대의 왕(왕의 족보로 시작)
   마가-종(종은 족보가 없다)
   누가-사람(아담부터 시작)

요한-하나님(창조주로 소개)

11) 요한의 그리스도관과 바울의 그리스도관

바울과 요한은 놀라울 정도로 차이가 없다.

골 1:13 하나님의 아들

골 1:15-17 만물의 창조자. 보이지 않는 하나님의 형상

골 1:19, 2:9 모든 덕에 충만(은혜와 진리)

롬 10:4, 갈 3:24, 4:4, 예수 그리스도는 율법의 완성

엡 3:18 사랑

고후 1:19 진리

12) 창세기의 태초와 요한복음의 태초를 구별해보자.

하나님께서 창조하신 창조의 안식에서 아담의 범죄로 쫓겨난 인간은 평안을 잃고 말았다. 죽음에서 허덕이는 인간을 하나님께서는 사랑하셔서 독생자를 보내시고 구속의 안식을 이룩하셨다. 이젠 다시 죽을 수 없는 영원한 생명과 안식을 이룩한 것이다.

## 적용(Application)

1) 본문에서 나에게 적용해보라.

[나를 창조, 나의 생명, 나의 빛, 증거자인 예수님을 전에는 영접치 않음. 그러나 이제는 하나님의 자녀, 하나님으로부터 난 자, 주님의 영광이 나의 영광.]

2) 세례요한처럼 증인으로서 사명을 다하고 있는가?

※ 성도의 제일 되는 목적은 하나님을 영화롭게 함에 있고 그 사실은 예수 그리스도를 증거함에 있다. 그러나 자신의 영광만을 위

하여 살지 않았는가?

※ 증인들은 무엇을 증거해야 하는가?

"오직 그리스도 예수의 주 되신 것과 또 예수를 위하여 우리가
너희의 종 된 것을 전파함이니라."(고후 4:5~)

3) 당신은 하나님의 자녀가 되었는가?
어떻게?(12~13)

## 겟세마네기도(Praying)

> 주여!
> 하나님의 자녀가 되게 하신 것을 감사합니다.
> 당신은 나의 빛이요 생명이십니다.
> 주의 영광이 나의 영광이십니다.
> 주님만 바라보게 하시고, 주님이 누구신가를 알게 하소서.
> 우리 민족이 주님을 알게 하옵소서.
> 예수님 이름으로 기도합니다.
>
> ―아멘―

# 2. 세상 죄를 지고 가는 어린양(1:19~36)

## 말씀의 묵상(Thinking)

1) 세례요한과 예수님을 비교해보자.

① 세례요한은 이사야가 예언한 대로 주의 길을 곧게 하려고 광
야에서 외치는 자의 소리(23)

② 물로 세례를 주는 자이고 예수님은 성령으로 세례를 주시는
분(32~33)

③ 요한은 예수님의 신들메 끈을 풀기도 감당 못할 자 [종이 신
들메 끈을 푼다.](27)

④ 요한보다 6개월 예수 그리스도가 늦게 나셨지만 요한보다 먼
저 계신 분(30)

⑤ 예수님은 세상 죄를 지고 가시고 요한은 자기 죄 짐을 지고
갔다.(29)

⑥ 성령이 비둘기같이 예수님께 임하셨고 하늘에서 음성이 나기
를 "이는 내 사랑하는 아들이요 내 기뻐하는 자"라고 증거

2) 하나님의 어린양이라는 의미는?(36~)
대제사장이 양을 잡아 피를 가지고 지성소에 들어가 일곱 번 뿌
렸다.(제16장)
이것은 예수 그리스도의 모형인데 그는 우리 죄를 속하려 피를
흘리고 온갖 죄를 제거하시는 하나님의 어린양이다.
예수 그리스도의 피로 해결 안 될 것이 없다. 그는 인류의 죄를
지고 잡혀 죽으신바 된 하나님의 어린양이다.

# 3. 와보라!(1:37~51)

1) 안드레와 요한은 무엇을 구했는가?(38)
그들은 예수 그리스도의 처소를 확인하고 예수 그리스도와 가깝
게 이야기할 것을 구했다.

※ 메시야를 만날 것을 구하면서도 자기의 구원과 이스라엘의 구원
  도 희구했을 것이다.

2) 예수님께서 처음 이틀 동안 제자들을 부르신 내용을 요약하라.
  첫날: 요한 → 안드레 → 베드로
  이틀날: 빌립 → 나다나엘

3) 예수 그리스도께서 제자를 부르신 방법은?
  ① 안드레와 요한 → 질문을 통해서 "무엇을 구하느냐?"
  ② 시몬 → 새 이름을 받음으로(게바)
  ③ 빌립 → 부름을 받음 → "나를 좇으라."
  ④ 나다나엘 → 의혹을 풀어 줌으로,
    "네가 무화과나무 아래 있을 때에 너를 보았다."

4) 예수님의 처음 입을 여신 말씀.(38) – 무엇을 구하느냐.

5) 사람을 부르실 때 주님의 능력을 생각해보라.
  베드로, 요한 안드레가 마치 쇠붙이가 자석에 끌리듯이 예수 그
  리스도에게로 끌려왔다. 그의 간단한 말씀. "와보라!"의 한마디에
  위대한 힘이 있었다. 창조주 앞에 피조물이 압도당한 것 같다.
  기독교가 이론의 종교가 아닌 점이 여기에 있다.

6) 안드레는 어떤 사람인가?
  ① 베드로의 동생
  ② 예수님을 따른 최초의 두 사람 중 한 사람
  ③ 베드로를 인도한 사람
  ④ 그는 유명한 자기 형 뒤에 서는 것을 만족. 형을 내세우기를

좋아했고 불평불만이 없는 조용한 사람이었다.

⑤ 12제자 중 천한 역할을 하는 것으로 만족.

⑥ 겸손하고 충성스러운, 차석을 좋아하며 섬기는 자세.

⑦ 예수님만을 모든 사람에게 나누어 주는 소망을 가졌다.

⑧ 선교사적 정신을 가졌다.

7) 빌립은 어떤 사람인가?

① 벳세다 사람(베드로 동네)

② 나다나엘을 찾아 전도한 사람 [메시야를 만났다고, 와보라고]

③ 수학적이고 이성적인 사람

④ 예수님께 헬라인을 바로 데리고 가지 못하고 안드레에게 데리고 갔다.

⑤ 하나님을 보여 달라고 한 사람(14:8~9)

8) 나다나엘은?(하나님의 선물이란 뜻)

① 바돌로메(마 10:3 막 3:18 눅 6:14)

② 나사렛에서 선한 것이 나오지 않을 것을 알기 때문에 믿지 않았다.

※ 빌립은 거기에 설명하려고 하지 않고 "와보라" 했다.

③ 참이스라엘 사람이고 간사한 것이 없다.(47~)

※ 간사함이 없는 그리스도를 영접한 자

④ 무화과나무 아래서 메시야를 기다리면서 기도했을 것이다.

⑤ 나다나엘의 고백은 "당신은 하나님의 아들이요 이스라엘의 임금이로소이다."

※ 예수님은 이스라엘의 임금

　나다나엘은 이스라엘 사람, 회의가 사라진 후 오는 기쁨과 환희의 고백

※ 야곱이 형을 속이고 인간적인 방법으로 복을 받으려고 했던 야곱 시대는 비진실했지만 그가 압복 강가에서 과거를 뉘우치고 하나님과 상대하여 복을 받으려고 했을 때는 "이스라엘"이란 새 이름을 받게 되었다.(창 32:28)

## 적용(Application)

1) 우리가 구하는 것은 무엇인가?

　주님께서 우리에게, 너희가 무엇을 구하느냐고 질문하신다면, 나는(친구, 지식, 명예, 재물)무엇이라고 답변할까?

　우리가 구하는 것은 주님이 아니면 안 된다.

2) 주님께서 제자들을 부르시는 방법을 우리도 적용해보자.

　① 의문으로 ② 새 이름을 줌으로(새사람을 만든다) ③ 의문을 풀어 줌으로 ④ Vision을 심어 줌으로

3) 주님을 만난 Andrew처럼 "메시야를 만났다."고 증거한 사실이 있는가?

　예수 그리스도를 만난 사람이 입을 다물 수가 없다. 입에서 그리스도가 증거되지 않는 사람은 그리스도를 만나지 못했는지 점검하라.

4) 그리스도가 나에게 머물고 계시는가?

　나룻배 같은 나를 타고 늘 다른 이에게 건너고 계시는가?

5) 빌립은 설명하려고 하지 않고 "와보라" 했다.

　복음은 이론이나 철학이나 교훈이 아니다. 그리스도를 만나야 한다. 개별적으로 그리스도를 만나지 못하면 교회를 몇 10년 다녀도 소용이 없다.

6) 나는 나다나엘처럼 참이스라엘이요 간사한 것이 없는 자인가? 여우처럼 간사한 것이 있는 자는 예수님이 들어갈 여지가 없다.

## 겟세마네기도(Praying)

주여!
우리가 구할 것은 만복의 근원이시고 생명이신 주님밖에 없는 것을 알았습니다. 쓸데없는 세상 것을 구하지 않게 하소서
안드레처럼. 주님이 나에게만 머물지 않게 하시고 늘 이웃에게 전달되게 하소서. 간사한 것이 없는 참이스라엘 사람이 되게 하소서.

－아멘－

제 2 장

# 4. 돌항아리가 되라(2:1∼11)

요한복음의 기사는 예수가 그리스도이시며 하나님의 아들이신 것에 집중된다. 지금까지는 세례요한과 제자들을 통해 증거하셨지만 이제부터는 주님의 하신 일을 통해서 증거하신다. 처음 부르신 제자들과 함께 갈릴리 가나에 가셔서 가난한 농가에 물로 포도주를 만드시어 기쁨을 안겨 주었다.

## 말씀의 묵상(Thinking)

1) 어느 때부터 사흘인가?
   빌립을 부르신 때부터(1:43)

2) 갈릴리 가나는 어떤 곳인가?
   나다나엘의 고향(21:2)
   나사렛의 동북쪽 4∼6㎞리쯤 되는 곳

3) 왜 어머니가 거기에 계셨을까?(1∼)
   신랑과 인척관계이었던 것 같다. 이 신랑은 마리아의 이질이다.(19:25)
   ※「단일론자의 서문」이라고 불리는 신약성서의 여러 책들에 대한 서문이 있는데 이 서문에는 잔치의 신랑은 요한 자신이었고, 그의 모친은 살로메로 마리아의 자매라고 기록되어있다.
   그러므로 신랑은 본서의 저자 요한이 아닌가 생각된다.(외경: 이집트 계열인 콥틱 복음서에서도 마리아는 신랑의 이모)

4) 왜 어머니에게 "여자여!"라고 했을까?(4∼)

존경과 사랑의 뜻이 담긴 호칭이긴 하였으나, 아들이 어머니에게 사용하는 경우는 거의 없었다. 바야흐로 공생애가 시작되는 시점에서 예수님이 '마리아의 아들'이라는 신분을 넘어, 하나님의 아들, 메시야 되심을 보여주는 것이다.

5) 나와 무슨 상관이 있나이까?(4~)

어떤 상관이 없단 말인가? 예수님께서 메시야적 일을 나타내실 때 어머니라 할지라도 거기 관여할 수 없다는 뜻

6) "내 때"는 어느 때인가?(4~)

여기서는 표적을 행하여 메시야임을 나타낼 때

7) 결례를 따라 돌항아리는?

외출하고 돌아왔을 때 손을 씻기 위해서다.

(통은 약 42 ℓ. 항아리는 약 83 ℓ)

8) 처음 표적이 가나안 농촌에서 행해진 이유와 혼인집에 주님께서 임석하신 의의가 무엇인가?

① 육신을 입으신 하나님의 아들의 최초의 영광은 장려한 궁궐에서가 아니라 소박한 곳에서이고, 가난하고, 병들고 죄인인 자를 부르러 오신 주님이심을 보여주신 것이다.

② 예수님은 신랑으로서 교회인 신부를 맞이해야 했다. 그리고 인간 생활에 있어서 혼인과 가정을 중요시하는 주님을 볼 수 있다. 기독교는 금욕의 종교가 아니다.

9) 물이 포도주가 되었던 조건은?

① 예수님과 제자들을 초청(2)(계 3:20, 요 1:12)

주님을 내 중심에, 가정에, 한국에 모시지 않는 한 기적은 일어나지 않는다.

② 포도주가 모자랐기 때문에(3)(마 5:3)

마음이 부자이면 기적이 일어날 수 없다.

주님께서는 없는 곳에서, 가난한 곳에서 역사하신다.

③ "포도주가 없다."는 어머니의 기도(3)(렘 33:3)

④ 어머니의 믿음 - 무슨 말을 하든지 그대로 하라!

이런 믿음이 어디서 생겼을까?

예수님이 성령으로 잉태되고 하나님인 것을 분명히 알았을 것이다.

예수님을 아무도 누군지 몰랐을지라도 마리아만은 남이 알지 못하는 비밀스런 주님의 관계를 알고 있는 분이었다.

여기서 이런 믿음이 생겼다.

⑤ 비어있는 돌항아리

※ 주님이 마음대로 쓰시도록 비워 드려야 한다. 지식 · 경험 · 죄 · 자아 의지 · 모든 것을 깨끗이 비우고 주님의 것으로 채워져야 한다.(기적)

※ 돌항아리처럼 무겁고 감정적이 아닌 의지적인 신앙, 참을성 있는 그릇이 필요하다.(벧전 2:4, 8)

※ 돌그릇처럼 생기긴 했어도 가득 채워진 것은 필요로 하지 않음. 비어있어야 한다.

⑥ 아귀까지 채워져야 한다.(물을)

성령을 충만히 받아야 한다.(복음을 전하기 전까지는 성령 충만히 아님)

⑦ 순종(절대 순종)

이의가 없다 내 이성은 허락지 않더라도 무조건 순종이다.

⑧ 갖다 주었다.(믿음의 결과 행함)

만약 갖다 주지 않았으면 기적은 일어나지 않았다.

10) 우리에게 주는 교훈
　　① 연회장은 몰랐는데 하인이 알았다.(9~)
　　　하늘의 진리는 지위에 상관없이 오히려 천하고 무식한 자에게 나타내신다. 어린이에게 하나님의 복음을 깨닫게 하신다.(고전 1:27)
　　② 세상 것은 처음에는 좋고 새것이지만 나중에는 금방 낡아 버린다.
　　　영적인 것은 처음에는 재미없을지라도 점차로 좋아지고 날로 새로워진다.
　　③ 물이 포도주가 되는 것처럼
　　　가치 없는 인생이 가치 있는 하나님의 자녀로 바꾸어졌다. 중생의 도리를 가르쳐 준다.

11) 모세의 기적과 예수님의 처음 기적의 공통점
　　모세는 물로 피가 되게 하고 – 죄. 율법
　　예수님은 물로 포도주가 되게 하시고 – 은혜. 생명

12) 이적을 행하신 이유
　　제자를 믿게 하고 하나님의 영광을 위해서
　　이 영광은 창조자의 영광이요(1:3, 14)창조의 능력을 보여주신 것이다.

13) 지금도 이런 기적이 일어날 수 있는가?
　　우선 나와 같은 무가치한 인생을 변화시킨 기적 이상 더 큰 기적은 없다.

## 적용(Application)

1) 마리아처럼 주님을 알고 있는가?

내 안에 살아계시고, 성령으로 잉태되고 예수께서 탄생하신 날 밤에 있었던 일, 남이 이해할 수 없는 마리아만이 간직한 그런 관계가 나에겐 있는가?

그렇다면 그런 믿음이 있을 것이다.

2) 무의미한 물이 맛있는 포도주가 된 것처럼 내가 가치 있는 인생으로 변했는가?

3) 주님께서 쓰시기 좋은 그릇으로 깨끗이 비워 드렸는가?

4) 나는 무슨 그릇인가?

5) 나는 절대 순종하는가?

6) 성령 충만받았는가?

7) 내가 받은 은혜를 남에게 나누어 주고 있는가?

8) 예수님을 먼저 초청했는가?

# 겟세마네기도(Praying)

주여!
나를 감화시켜 주신 것을 감사합니다.
마리아처럼 큰 기도와 믿음을 주옵소서.
비어있는 돌항아리가 되게 하시고 성령 충만을 주옵소서.
항상 낮아지고 겸허한 마음을 주옵소서.
그리고 순종하고 남을 섬기는 자세가 되게 하옵소서.
우리 민족을 변화시켜 주옵소서.

-아멘-

※ 요한복음에 나타난 예수님의 여행 활동을 도표로 표시하라.

공관복음에는 예수님의 갈릴리 지방 전도를 주로 취급했으나,
요한복음은 그의 유대에서 하신 일에 중점을 두고 있다.

1차-[본서 1절에서] 유대에서 출발하여 갈릴리에서 마치고

2차-또 유대로 오셔서(2:13) 사마리아를 거쳐(4:1~44) 갈릴리로
　　돌아가심에서 그친다.(4:43~54)

3차-유대에서의 병 고침에서 갈릴리 5,000명 먹이신 사건에 이
　　른다.(6)

4차-또다시 유대에서 장막절(9장~10장) 때의 교훈에서 시작(7
　　장~8장).

그 후에 다른 이적 교훈을 거쳐 베뢰아 지방을 유람하심(10:4
0~42)에 이르고 드디어 최후의 예루살렘 입성(12장)을 하시어
거기서 지상 생애는 막을 내리는 것이다(13장~19장).

※ 예수님의 생애를 구분하라.

① 탄생과 어린 시절

② 세례. 시험. 공생애 시작

③ 초기 유대 전도 8개월

④ 갈릴리 전도 약 2년

⑤ 베뢰아 전도와 후기 유대 전도 약 4개월

⑥ 마지막 주간

⑦ 부활 후의 전도

※ 예수님의 활동 무대는 어떤 곳인가?

팔레스틴: 3대륙의 접촉지역이며 지중해와 아라비아 사막 사이에 있고 세계대로가 만나는 곳이었다. 당시 로마의 지배를 받고 있었다. 그리고 4지방으로 구분되었다.

① 유대인의 보수주의를 지키던 남쪽 지방의 유대

② 많은 헬라인들과 함께 살던 북쪽 갈릴리

③ 유대인의 피가 섞인 혼혈민족이 살던 중앙의 사마리아

④ 번영하던 로마의 성읍이 많이 있던 요단강 하류의 북쪽 지방의 베뢰아

예수님은 나사렛에서 110㎞ 이상 나간 기록이 없다.

예루살렘(남) 시돈(북), 데가볼리와 베뢰아(동) - 여행의 한계였다.

# 5. 성전을 깨끗이 하심(2:12~25)

예수님의 성전 청결 사건에 관해서 공관복음의 기사와는 다르다. (마 21:12~13, 막 11:15~18, 눅 19:45~46)

본 기사는 첫 번 것을 기록했고 "장사하는 집" 가축을 몰아냈고 공관복음의 기사는 나중 것 "강도의 소굴" 장사하는 사람을 몰아냈다.

## 말씀의 묵상(Thinking)

1) 왜 가버나움으로 어머니와 형제들이 가셨을까?(12~)

   가버나움은 갈릴리의 서울이었다. 여기에 예수님의 형제들의 집이나 제자의 집이 있었을 것 같다. 앞으로의 사업적 전략을 위해 방문했으리라 생각된다. 가버나움은 1년 후 중요한 거주지가 되었다.(4:54)

2) 예수님께서 성전에 대하여 불쾌하게 생각하신 것은 무엇이었을까?(14)

   사람들이 크게 폭리를 취하여 하나님께 드리는 예배를 폭리화하고 모독을 했다. 거룩한 성전을 다른 목적에 사용했기 때문이다. (마 21:12~27)

   ※ 당시 교권자들에 의하여 거룩한 하나님의 사업들이 기업화되어 성전이 더럽혀지고 무참히 살육당하고 있다.
   양에게 꼴을 충분히 공급해주지 못한 채 도적들은 양에게서 착취하기 때문에 양들이 말라 간다.
   당시 교권자들은 양들을 어떻게 하면 잘 먹이고 키울 것인가가 아니다. 어떻게 하면 양들이 나를 잘 먹여 살릴 것인가이다.
   ● 남들이 잘 키워 놓은 양에 대해 혈안이 되어 탐하고 있다. 자기 양을 귀여워할 줄 모른다.

3) "주의 전을 사모하는 열심이 나를 삼키리라."(17)란 무슨 뜻인가?

   ※ 예수 그리스도의 생애가 하나님의 신성을 위한 끓는 심정에서 당신 자신이 십자가에 희생하실 것의 뜻
   ※ 제자들이 예수님의 성전 청결 사건을 보고 문득, "당신의 집을

향한 열정이 나를 불사르리라.(시 69:9)"는 말씀을 생각했다.

4) 예수님께서 성전을 깨끗케 하신 이유?
성전은, "나의 아버지의 집"이었다. 아버지 집에는 아버지 마음에 들지 않는 것이 있어서는 안 된다. 하나님의 집에서 형식주의, 탐욕주의 때문에 성전이 더럽혀지고 있음을 볼 수 없었다. 그러므로 교권주의자들에게 그런 심판을 받을 것을 보여준 것.

5) 하나님의 진노는 누구에게 나타나는가?(롬 1:18)

6) "이런 일을 행하니 무슨 표적을 보여 달라."는 유대인의 말은 무슨 뜻인가?(18~)
난데없이 청년이 나타나서 권위 있게 채찍으로 성전의 불순한 것을 몰아내는데 그 모습이 위엄이 있고 능력이 있었다.
이런 분을 더 알고 싶어서 표적을 보여 달라고 한 것이다.
당시 메시야가 오면 권능으로 역사할 줄 알고 있었다.

7) "너희가 이 성전을 헐라. 3일 만에 일으키리라."란 말은?(20~21)
성전은 예수님 자신을 가리키심.

8) 제자들은 이 말씀을 언제 깨달았는가?(22~, 시 16:10~)

9) 이 말씀으로 유대인들은 누구를 송사했는가? (행 6:13, 14. 스데반)

10) 많은 사람이 예수의 이름을 믿었으나 예수님께서는 왜 그들에게 의탁치 않으셨는가?(23~24)
예수님은 그들의 중심을 알고 계셨다. 그들은 지상 왕국의 건설을 꿈꾸고 있었다.

만약 다른 종교가 있었다면 이런 군중을 이용하여 지도자가 되고 세상의 명예를 누렸을 것이다. 그들은 주님의 응답을 받지 못할 믿음을 가졌다.

11) 사람의 속에 있는 것을 아시므로 아무의 증거도 받으실 필요가 없다는 말은?(25)

지금은 예수를 믿는다. 하지만 그를 반역하고 예수를 죽이려는 마음이 들어있음을 예수님께서는 누구의 증언을 들을 것도 없이 알고 계셨다. 그러므로 자기를 사람에게 의탁치 않으셨다. 주님은 우리의 중심을 아시므로 변명을 들을 필요가 없다.

## 적용(Application)

1) 우리 몸은 성전인데 음욕, 정욕, 금욕으로 차 있을 때 주님께서는 어떻게 하실 것인가?(고전 3:16, 17 고전 6:19, 20)

여우도 굴이 있고 새도 깃들일 곳이 있는데 주님은 머리 둘 곳이 없어서 탄식하실 것이다.

진노하는 어린양(계 6:16)

※ 우리는 주의 피로써 정결케 되고 내주하시는 주께서 임재의 장소로써 보존되지 않으면 안 된다.

2) 예수님을 짝사랑하고 있는 우리가 아닌가?

다른 곳에 집착되어 있다면 중심을 아시는 주님은 우리를 쓰시지 않는다.

3) 내가 양을 위해 무엇을 했는가? 양에게서 무엇을 바랐는가?

## 겟세마네기도(Praying)

> 주여! 당신의 전을 더럽혔습니다.
> 당신의 전을 깨끗게 하시고 당신과의 깊은 교제만이 있게 하
> 옵소서.
> 당신의 전을 이용하지 않게 하옵소서.
> 주님만을 바라게 하옵소서.
>
> -아멘-

※ 유대인의 명절
　① 유월절(passover), 무교절, 제교절-1월 14일 저녁부터 21일
　　저녁까지 출애굽 시 양의 피를 문설주에 발라 구원받은 날
　　을 기념
　② 오순절(pentecost) 칠칠절, 맥추절-(민 28:26) 3월 6일 유월절
　　제2일부터 제50일 만에 오기 때문에 오순절이라 했다. 유대
　　에서는 이때 추수기라 감사절로 지킨다.
　　또 이스라엘 자손이 시내 산에서 새 율법을 받고 건국한 것
　　을 기념하는 절기, 신약 시절에는 성령강림절, 교회 탄생일
　　이다.
　③ 장막절, 결모절, 구려절, 7월 15일-21일(레 23:34~42, 43)
　　이스라엘 민족이 애굽에서 광야에 나와 장막을 짓고 거하던
　　것을 기념하는 절기.
　　또 곡식을 거두기를 마치는 때인 고로 추수절을 이 절기에
　　겸하여 7일 동안 지킨다.
　④ 안식일-제7일(토): 금요일 밤 6시부터 토요일 밤 6시까지 창

조 시 계명으로 짐승을 잡아 제사를 드림.

⑤ 안식년-제7년: 6년 동안 거두고 제7년에 아무것도 심지 않고 땅을 안식케 한다.

⑥ 희년-제50년 만에 1년씩 희년을 삼아 땅에 곡식을 심지 않고 쉬는 해

⑦ 나팔절-7월 1일(레 23:24, 25)
(나팔절)휴업하고 나팔을 불어 기억케 하며 하나님께 화제를 드린다.

⑧ 속죄절-7월 10일(레 23:26, 27)
이날은 특별히 제사하고 금식한다. 죄인과 하나님과 화목하는 날이다.

⑨ 수전절-9월 25일부터 8일간(요 1:22): BC 170년 수리아왕 안디오커스, 에디파네스가 유대인을 압제하여 성전을 더럽혔다. 그 후 BC 165년에 유대 마카비오가 싸워 성전을 정결케 한 때를 기념.

⑩ 부림절-12월 13~15일(에 9:21~26): 하만이 모르드게와 유대인을 전부 학살하려다 파사왕이 에스더로 인하여 살게 한 것을 기념.

# 제 3 장

# 6. 거듭나는 진리(3:1~21)

## 말씀의 묵상(Thinking)

1) 니고데모는 어떤 사람인가?

　① 바리새인이며 산헤드린의회원(1~) 알아둘 점 산헤드린의회 -
　　대제사장, 장로, 서기관. 바리새인, 사두개인 등으로 구성된 유
　　대의 공회(公會)

　② 밤에 비밀리에 찾아와 예수님께 면담을 요청.(2~)

　③ 거듭난다는 말을 이해하지 못했다.(4~)

　④ 공회에서(2년 후에) 예수님의 편이 되었다.(7:50~52)

　⑤ 그 후 공회 회원인 요셉과 함께 예수를 매장했다.(19:39)

　※ 그가 믿음이 생기는 기간에는 은밀한 제자였으나 후에는 공공
　　연히 예수님과 함께 십자가의 부끄러움을 나눔. 그때는 제자
　　들도 모두 피신했는데 위험을 무릅쓰고 마지막 사명을 다한
　　것이다.

　⑥ 그는 메시야의 나라를, 민족을 로마의 통치에서 벗어나게 하
　　는 정치적 나라로 생각했을 것이다. 예수님 말씀이 이해가 되
　　지 않았다.

2) 거듭난다는 말은?

"다시 산다.", "다시 난다.", "위에서 난다.", "새로 난다."는 뜻.

① 하나님으로부터 난다는 뜻(요 1:13)

- 혈통, 육정, 사람의 뜻으로 나지 않고
- 도덕적 수양, 인격 향상, 불성을 발견, 해탈, 도통하는 것으로 낳지 않는다.
- 노력이나 각성으로가 아니라, 하나님의 능력으로, 성령의 역사로, 수동적으로

② 하나님의 자녀가 되는 것.(1:12)

예수님에게 하나님의 생명. 영원한 생명이 있다.(4~)

예수님은 부활이요 생명이시다.(11:25)

그 하나님의 생명이 내 안에 있으니 나는 하나님의 자녀가 되고 영생하게 된다.(3:16) 아들이 있는 자에게는 생명이 있고 아들이 없는 자에게는 생명이 없다.

③ 행위를 바꾸는 것이 아니라, 생명을 하나님의 생명으로 바꾸는 것이다. 옛사람은 죽고 새사람이 된다. 이전 것은 지나가고 새로운 피조물이 된다.(고후 5:17)

3) 왜 거듭나지 않으면 안 되는가?

거듭나지 않으면 천국에 들어갈 수 없는가?

① 아담이 죄를 범함으로 하나님의 영광스러운 모습을 잃고 말았다.(롬 3:23)

② 그때부터 하나님과 원수가 되었고 하나님을 기쁘게 할 수 없는 육체가 되었다.(롬 8:7, 8)

③ 그때부터 영적인 일은 무지하고 깨닫지도 못하고 미련하게 보였다.(고전 2:14)

④ 육이 지배한 인간의 마음속에는 더러운 것으로 현저하게 나타

나게 되었다.(갈 5:19~21)

※ 기도를 할 수 없고 헌신도, 예배도 할 수 없고 성서도 이해할
수 없다. 육을 가지고는 영적인 사업에 참여할 수가 없다. 때
문에 천국도 거듭나지 아니하면 무관한 것이 된다.

4) 어떻게 거듭나는가?

인간은 행위나 노력을 통해서 고쳐보려고 노력하지만 헛수고를
한 것이다.

① 모세가 뱀을 든 것처럼 인자도 들려야 하리니 예수 그리스도
의 죽음을 통해서 거듭난다.

예수님 죽음과 나와는 무슨 관계가 있는가?

내 육은 아무리 억제하려고, 개조하려고 했지만 안 되고 죽이
려고 하지만 죽일 수가 없다.

② 물과 성령으로 거듭난다.

요한의 물세례와 주님께서 주신 성령세례

물세례는 죄를 회개하는 것으로 씻음 받고 옛 육의 사람이 매
장되는 것을 뜻한다.(성결)

성령은 내적이고 신령한 것으로서 신생을 말한다.(생명력)

③ 믿고 영접하므로

1:12, 3:16, 계 3:20

우리의 지성, 감정, 의지, 전인격을 그리스도에게 바치고, 그분
의 지배를 받는 것이다.

5) 육이란 무엇인가?(6~)

육으로 난 것은 육이요-무엇이 육으로 났는가?

사람이 자기 부모에게서 자연적으로 물려받은 모든 것이 육에 속

한 것이다. 여기에는 사람이 선하고 도덕적이고 영리하고, 수단 좋고, 능력이 있고, 친절하고, 악하고, 경건치 못하고, 어리석고, 쓸모없고, 잔인하고……등의 구분이 전혀 없다. 사람은 육이다. 거듭나지 않은 사람은, 즉 한 번밖에 태어나지 못한 사람은 육이다.

① 자아의지(Self will) – 자기가 무엇이나 하려고 한다.(율법)

② 자아추구(Self seeking) – 섬기는 대신 섬김을 받기를 좋아한다. 예수님은 섬기러 왔다.(마 20:28)

③ 종교적인 활동

경건함을 나타내려 한다.(바리새인)

업적, 공적, 학위를 자랑, 과거를 자랑, 공중 기도를 좋아한다. (설교)(마 23:4)

④ 자화자찬하지만 비판과 시기로 차 있다.

⑤ 표적과 이적을 더 찾는다.(고전 1:22, 약 3:15~17)

⑥ 분쟁(고전 3:3, 4)

⑦ 인내심이 없고 딱하고 거칠고 남이 잘된 꼴을 못 보고 시기한다.

⑧ 남의 폐망을 불쾌하게 생각한다.

⑨ 아멜렉은 육신을 상징한다.(에서의 아들, 엘리바스의 아들)(출 17:1~16)

이스라엘 자손이 광야에서 방황할 때 아멜렉이 와서 그들과 싸웠다. 모세가 손을 들면 이기고 내리면 지곤 하였다. 이것은 육체의 정욕을 이기려면 항상 성령 안에서 걸어야 함을 의미한다. 하나님께서 모세에게, "아멜렉을 도말하여 천하에서 기억함이 없게 하라."(14)

"여호와께서 아멜렉으로 더불어 대대로 싸우시리라."(16) 하셨다. 아멜렉은 하나님의 사람들의 원수다(신 25:17~19).

"……너를 길에서 만나 너의 피곤함을 타서 네 뒤에 떨어진 악한 자를 쳤느니라."

사탄은 우리가 연약할 때 육신을 통해 공격하는 것이다.

이스라엘은 이것을 잊고 있을 때 400년 후 사울왕에게 또 말씀하셨다.(삼상 15:23)

"그러므로 모든 소유를 남기지 말고 전멸하되 남·여·노·소 젖 먹는 아이와 유양과 약대와 나귀를 죽이라."

그러나 사울왕은 하나님의 말씀을 어기고 가치 없는 것은 다 전멸시켰지만 아각을 사로잡고 좋은 것은 그대로 남겨 두었다. 이것 때문에 사울왕은 왕위에서 내려앉게 되었다.(삼상 15:23)

그럴듯하게 보이는 것이라고 해서 육이 아닌 것이 아니다. 육에서 난 것은 아무리 선한 것도 모두 육이다. 이것을 모두 전멸시켜야 하는 것이다.

⑩ 출애굽 당시 모세가 인도한 이스라엘 민족 약 300만은 애굽에서 구원은 받았지만 시기하고 질투하고 우상숭배하고 음란하고 율법적인, 육적인 요소가 있는 한 가나안에 들어갈 수 없었다.

다 죽고 여호수아(예수)가 지배한 새로운 사람들이 요단강을 건너 젖과 꿀이 흐르는 가나안에 들어갔던 것이다.

  a. 육신을 따라 난 자녀가 성령을 따라 난 자녀(성령의 사람)를 괴롭게 한다. 그러나 쫓아내지 않으면 성령의 사람이 유업을 얻지 못한다.(갈 4:29~31)


6) 그럼 이 육은 어떻게 다른가?

① 자아억제

② 자아갱신: 교육, 문화, 과학, 고결의 옷을 입힐 수 있다. 그러나 옛 본성은 그대로 남아있다.

육신은 반드시 사악한 모습으로, 비천한 모습으로만이 등장한

것이 아니라, 때로는 경건하게, 성결하게 근사하게 등장하기도
한다.

그러나 육은 육이다.

그럼 어떻게 해야 하는가? 우리는 그리스도와 함께 죽었다.(롬
6:6～11)

- 예수그리스도와 함께 죽은 것을 알고, 믿고,
- 하나님께 순종하고 스스로 죽은 자로 여긴다.(롬 6:11)
- 그리고 나는 이전의 내가 산 것이 아니고 주님의 새 생
  명, 부활생명으로 산다. 이젠 죄의 종이 아니므로 하나님
  께 헌신하는 것이다. 그때 내가 죽은 것을 체험하게 된다.
  내가 죽은 사실을 어떻게 아는가?
  성경이 그렇게 말하고 있기 때문에 믿고 헌신한다. 매일
  우리는 살아날 것이다. 그리고 사탄은 우리가 죽지 않은
  것을 지적하고 증거할 것이다. 그러나 우리는 확실한 증
  거가 있다. 성서가 그렇게 말하고 있기 때문이다. 이젠
  하나님께 찬송과 영광과 감사만이 우리가 할 일이다.

7) 바람이 어디서 와서 어디로 가는지 모르는 것처럼 성령으로 난
사람도 이러하다는 말은 무슨 말인가?

그리스도를 영접함으로 내가 죽고 그리스도가 내 안에 들어와 사
신다.

나는 새사람이 되었고 분명히 나는 거듭났는데, 내 속에 어떤 느
낌이 없다. 아무런 반응이 없는데도 점차 믿음이 자람에 따라 생
활이나 모습 언어가 그리스도의 형상을 닮아가고 성령의 아홉 가
지 열매가 맺혀진다.

그 자체는 보이지는 않지만 역사의 표적은 보인다.

8) 땅의 일과 하늘의 일이란?(12~)

① 세상에서 된 일: 우리의 경험에서 된 일, 중생처럼 그 결과를 보고 바람처럼 그 효능을 느낄 수 있는 것.

② 하늘에서 되는 일: 천국의 내적 원리, 구원의 성취, 구원의 완성을 말한다.

9) "모세가 뱀을 든 것같이"(14)

예수님의 죽음과 나의 영생과 어떤 관계가 있는가?

10) 왜 예수님을 믿으면 영원히 사는가?(3:16)

11) 심판을 받는 자는 왜 받는가?

그리스도를 믿지 않음으로(17~19)

## 적용(Application)

1) 나는 중생했는가? 어떻게?

2) 내게서 생산된 육으로 난 것을 열거해보라.

이런 것을 어떻게 해결할 것인가?

※ 무시하고 주님의 십자가만 보라.(롬 8:6~)

3) 중생했다면 열매가 무엇인지 점검해보라.(성령의 열매)

4) 니고데모처럼 은밀한 주님을 만나본 일이 있는가?

겟세마네기도(Praying)

주여! 나의 주 나의 하나님으로 영접합니다.
나를 주관하옵소서.
나를 주께서 원하시는 사람으로 만들어 주옵소서.

-아멘-

# 7. 세례요한의 최후 증언(3:22~36)

요한의 제자들이 스승의 인기가 하락하고 스승이 세례를 준 예수님에게 인기가 높아가는 것을 질투심이 생겨서 요한에게 와서 호소한다.

## 말씀의 묵상(Thinking)

1) 세례요한의 최후의 증언의 내용은?

① 자기는 소개인으로서 지위에 있음을 기뻐했고(29~)

② 자기는 선구자로서 사명을 다하면 된다.(28~)

③ 신랑의 친구(들러리) 일이 끝나면 뒤에는 쓸데없는 자(29~) 예수 그리스도는 신랑

④ 자기는 땅에서 난 자로서 반드시 쇠하여야 하고 주님은 하늘에서 오신 분으로 반드시 흥해야 하실 자(30~31)

⑤ 만물 위에 계신 분(31~)

⑥ 신실한 증인(33)

⑦ 영원한 생명의 원천(36)

⑧ 자기의 소리가 날마다 쇠해가는데 주의 영광을 우러러보고 기

뻐하고 만족해했다.(29)

※ 세례요한은 참으로 자기를 아는 자

자기를 알면 알수록 가치 없음을 알고 겸손해질 것이다.

⑨ 성령을 한량없이 받을 분이라고 증언(34~)

※ 요한은 이처럼 자기를 숨기고 예수님을 나타냈는데 그 후 2년
을 경과한 후에도 요한이 증거한 말이 참이라 하여 많은 사람
이 그리스도를 믿었다.(요 10:41~42)

⑩ 만물이 다 그의 손에 쥐어진 분(35~)


2) 3:27을 설명하라.

만일 내가 값진 것이 있다면 하나님께로서 받은 것이다. 어떤 일
에서도 나에게 주신 주님을 바라보며 이 모든 것이 그의 뜻임을
안다.

## 적용(Application)

내가 나타나면 나타날수록 주님은 숨겨진다는 사실을 아는가? 역
량이 얼마나 있느냐는 내가 얼마나 죽고 내 것을 버리느냐에 있다.
내가 쇠하면 쇠할수록 주님은 흥해진다. 나와 주님은 역비례 관계다.

고후 12:9~10 "네 능력이 약한 데서 곧 강함이다-약한 것을 자랑
한다." 이런 바울사도의 고백 같은 체험이 우리 것이 되어야 하겠다.

세례요한처럼 그리스도를 알고 있는가?

그렇다면 자신이 가치 없음을 알게 되고 더욱 겸허해질 것이다.

※ 내가 나인 줄 알려면 주님 앞에 서야만 티끌인 것을 알게 된다.

## 겟세마네기도(Praying)

주여! 당신은 흥하여야겠고 나는 쇠하여야겠나이다. 티끌 같은 죄인이 얼마나 교만했고 주의 영광을 가로챘습니까? 용서하소서 자신이 더욱 죽고 버리게 하옵소서. 주님만 나타나게 하옵소서.

-아멘-

제 4 장

# 8. 영생하도록 솟아나는 샘물(4:1~42)

예수님께서 사마리아 여인과 대화를 나눈 것은 유일한 사건이다. 자기 민족의 지도자들에게는 배척당하시고 버림받은 사람들, 죄인들, 세리들로부터 환영을 받으신 주님은 천시한 사마리아 여인 한 영혼을 구하시기 위해 자기를 낮추시고 행로에 곤하신 것도 잊으시고 전도를 하신 내용이다. 본장에는 믿어야 할 생수(성령의 모형)(10~15), 예배할 하나님(20~24), 믿어야 할 메시야(24~26) 三位一體의 하나님을 쉽게 가르치신 것이다.

## 말씀의 묵상(Thinking)

1) 이 사건의 역사적 배경을 설명하라.

팔레스틴이 당시 3분되어 있었다. 북: 갈릴리, 남: 유대, 중: 사마리아, 유대와 사마리아는 수년간 원수시 했다. 왜냐하면 BC 720년경에 앗수르인들이 북왕국 사마리아에 침략해와서 사람들을 포로로 잡아가고 그곳을 정복하였던 것이다. 그리고 외국인들이 이주해왔다. 그 사람들과 사마리아 사람들과 혼인함으로 인해 유대인으로서 용납할 수 없는 피를 범한 것이다. 오늘날도 유대인은 이방인과 결혼하면 그 아들딸에 대해 장례식을 행한다. 죽은 자 같이 취급해버린다. 그런데 그 후 예루살렘을 도성으로 한 남왕국 유대도 침략을 당했다. 바벨론으로 잡혀갔지만 자기들의 국민성을 상실하지 않고 유대인의 혈통을 지켰다. 그 후 파사왕의 혜택으로 예루살렘으로 되돌아왔다. 그들의 과제는 성전을 보수하고 재건하는 일이었다. 사마리아 사람들도 협조하려고 했으나 경

멸하고 상종하지 않았다. 이때부터 예루살렘에 있는 유대인과 혹
독한 적대관계에 있었다. 유대에서 갈릴리까지 3일 길인데 요단
강을 건너서 2배나 먼 길로 돌아서 다녔다.

※ 이런 장벽을 넘어뜨리고 사마리아로 통행하여야 했다. 그것은
   온 인류를 사랑하시고 죄인을 구하러 오신 주님을 보여주고
   계신다.

2) 예수님께서 유대를 떠나신 이유는?(3~)
   ① 당시 톱 뉴스(Top news)로서 예수님의 인기가 충천하고 있음
      으로 바리새인의 시기와 질투의 충돌을 피하여 가신 것이다.
   ② 사실은 예수님의 인기는 풍문이지 그렇지 않았다. 예수님께서
      세례를 안 주고 제자들이 주었다.
   ③ 왜 예수님께서 세례를 주시지 않았는가?
      그는 성령으로 세례를 주실 주님이시고 이를 위해서는 예수님
      께서 육체로 오실 필요가 없었기 때문이다. 그리고 요한의 세
      례로 제자들도 줄 수 있었다.

3) 예수님의 전도 방법
   ① 예수님은 여인과 자연스럽게 물을 길러 왔기 때문에 물로 대
      화를 시작(7~)
   ② 여자의 관심사인 선물과 물에 대해 얘기했다.(10~)
   ③ 영적인 주제로 쉽게 비약시킬 수 있는 주제를 사용
   ④ 제자들을 보내고 단둘이 이야기할 주제를 가지셨다.(8~)
      주님은 은밀한 대화를 즐기신다. 주님과 나만의 시간을 많이
      갖자.
   ⑤ 종족이나 교리나 사회적 신분을 상관치 않고 말을 거셨다.

⑥ 예수님은 대화를 곁길로 이끌지 않고 질문과는 상관없는(9~)
주님의 목적하신 대로 일방적인 이야기로 인도(10~)

※ 질문에 휘말려들면 목적을 성취할 수 없다.

⑦ 예수님은 자신을 소개하고 무엇인가 주는 분인 것을 말함으로
그녀를 사로잡았다.(14) "갈하지 않는 생수를 주겠다."
⑧ 그 여자의 양심을 놀라게 했다. 자기가 죄인인 것을 알지 못
할 때 예수님은 필요치 않는 분이다.
⑨ 예수님은 여자의 말을 잘 듣고 친절하고 재치 있고 긴장하지
않았다.

4) 사마리아 여인은 어떤 사람인가?
 ① 12시 정오에 물을 길러 온 것으로 보아 남을 피해온 죄인 창녀
 와 같다.
 ② 마음의 문을 열고 예수님과 대화
 만약 다른 종교 지도자였다면 당황해서 멀리 도망쳐 버렸을
 것이다
 자비하시고 인자하신 품위에 끌렸을 것이다.
 ③ 생수에 대해 전혀 이해하지 못했다.(10~)
 영적인 생수에 대해 육적인 사람이 이해할 수 없는 것이다.
 이 여자는 생수란 말에 호감이 들었고 11~12절을 말했을
 것이다.
 ④ 예수님이 남편을 불러오라는 말에 자기 모습을 다시 찾은 것
 이다.

※ 예수 그리스도 앞에서만이 인간의 모습을 찾을 수 있다. 그

때 자신의 추한 모습을 보고 부끄러움을 금치 못했을 것이
다. 기독교는 자기가 죄인인 것을 깨닫고 절망함으로부터 하
나님의 은총과 사랑을 필요로 한다. 율법은 죄를 들추어서
정죄를 하려고 하지만 주님은 죄를 깨닫게 해서 자신을 발견
케 하고 생수를 주기 위해서다.
⑤ 다섯 남편이나 가지고 있다.(16~17)

※ 이 여인은 사마리아를 상징하고 있다. 이들이 혼인한 거짓
신 우상들이다.

⑥ 지금 있는 남편은 네 남편이 아니다.(18)
남편은 참하나님이신데 여자와는 관계가 없다. 진실한 예배
가 아니라 무지한 가운데 예배를 했다.

※ 믿는다고 하면서도 더러운 우상과 짝하고 하나님과는 관계가
없다.

⑦ 이 여자는 성서를 알고 있었다.(12, 19, 20)
그러나 참 메시야는 몰랐다.
⑧ 여인의 신앙이 점점 비약하고 있다.
9: 유대인 11: 주여(선생님) 15: 선지자 28: 그리스도로 알고 증거

※ 그리스도가 누구인지 알아야 전도한다.

⑨ 자기가 죄인인 것을 안 여인은 희생을 드리지 않으면 안 되
었다. 그런데 어디가야 하나님을 뵐 수 있단 말인가 하고 묻
는다.

※ 그런데 주님께서는 이 산에서도 말고…… 예루살렘에서도 말고…… 장소를 초월하신 만민의 하나님인 것을 말씀하신다. 그리고 참예배는 그리스도가 오심으로 시작된 것이다. 지금 이 자리에서 누구나 하나님을 뵐 수 있다. 예수 그리스도를 통해서 슥 2:11, 말 1:11에 예언되었다.

⑩ 앞에 두고 그리스도를 몰랐으나 예수 그리스도께서 직접 계시하신다.(25)

※ 우리의 지혜와 이성으로는 주님을 발견할 수 없다. 주님께서 계시해야 한다.
　　a. 물동이를 버린 이유?
　　　 바울이 그리스도를 발견하고 모든 것을 해로 여긴 것과 같다. 마리아가 귀한 향유를 주께 드린 것과 같다.(빌 3:~)

※ 그리스도를 발견하게 될 때 모든 것을 버리고 가지 않을 수 없다.(눅 5:3~11)
　　b. 그리스도를 만난 여인에게 죄책감, 열등감, 수치감이 없어졌다. 뛰어가서 담대히 증거했다.(29)

※ 그리스도를 발견하게 되면 자기를 사랑하고 이웃도 사랑한다.
　　c. "와보라 그리스도가 아니냐?"(29~30)
　　　 데리고 예수님께 나왔다. 많은 사람이 예수를 믿었다.(39)

※ 그들이 참으로 믿는 것은 그리스도의 말씀을 직접 듣고 믿었다. 우리는 소개한 것뿐이고 개인적으로 만나야 믿음이 생긴다.

5) 참다운 예배는 어떻게 드려야 하는가?(20~24)
① 이 산에서도 말고 예루살렘에서도 말고(21) 시간과 장소를 초
   월해서 하나님은 계시지 않는 곳이 없다.(행 7:48~50)
   a. 진정으로 예배하는 곳이면 거기가 예배당이요 성전이다.
      (초대 교회)
   b. 참 예배는 예수그리스도가 오심으로부터다.(예배할 때)
      예수 그리스도를 통하지 않고서는 하나님께 나가지 못하
      기 때문이다.(요 14:6)(23~)
② 예배의 대상을 알아야 한다.(22)
   보이지 않는 하나님을 알려면 예수 그리스도를 통하지 않고는
   알 길이 없다.(14:9)
   하나님을 알지 못하고 그들을 예배했던 것이다.
③ 신령과 진정으로 예배해야 한다.(24)
   a. 하나님은 영이시기 때문에 영적인 사람만이 하나님 앞에
      예배할 수 있다.
   b. 속된 것을 가지고는 하나님 앞에 나갈 수 없고 거룩한 어
      린양의 보배로운 피의 제물로 예배한다.(히 9:11~12)
④ 우리 몸은 하나님이 기뻐하시는 산제사로 드려야 한다. 이것이
   영적 예배다. 하나님은 이런 사람을 찾고 계신다.(롬 12:1~)
   a. 하나님은 거룩한 것을 요구하신다.(23)
      거룩한 것이란 속된 것이 아니고 하늘에 속한 것이고 당신
      의 것이다. 하나님은 당신의 것을 요구하시고 우리 것은 요
      구하지 않으신다.
      • 아브라함에게 이삭과 이스마엘 중 이삭을 요구하신다.
      • 초태생은 하나님이 살려주셨기 때문에 당신 것이다.
        그것을 바치라고 하신 것이다.(출 13:2)
      • 피로 값을 지불하고 산 우리를 요구하신다.(고전 6:19~20)

　　　b. 죽은 것이 아니라 산 것을 바쳐야 한다.

　　　　예수 그리스도로 인하여 새 생명을 얻은 몸(요일 5:11)을
　　　　바쳐야 한다.

　※ 언제나 어디서나 우리들의 생활이 예배 생활이어야 한다. 하
　　나님을 찬송하고 감사하고 말씀을 상고하고 복음을 전하고 그
　　뜻을 따라 사는 것이 진정한 예배다.

6) 넉 달이 지나야 추수할 때가 이르렀단 말은?

　　이때는 12월 중순경이 된다. 앞으로 4개월이 있으면 추수기다.
　　그러나 영계의 추수는 넉 달을 기다릴 필요가 없다. 사마리아
　　여인이 벌써 가서 사람을 데려오기 때문이다. 신령한 눈을 들어
　　보라는 것이다. 영혼들이 무르익어 빨리 가서 거둬들여야 한다.

7) "거두는 자의 삯도 받고 영생에 이른 열매를 모은다"란?(36~)

　　현재에는 영혼을 구하는 기쁨이 있고, 미래에는 상급이 있을 것
　　이다. 영생에 이르는 열매는 구원받을 사람을 모은다는 말.

8) 뿌리는 자와 거두는 자는 누구인가?(36~)

　　예수님과 제자

9) "다른 사람" 누구인가?(38) 사도 이전에 노력한 자

10) "나의 모든 행한 것"이란?(39)(16~18) 남편 다섯을 데려오라.

## 적용(Application)

1) 세상 물이 나의 갈증을 채워주겠는가?

   돈, 지식, 명예, Sex, 친구, 친절, 스승 이런 것들을 하늘 닿게 먹어도 늘 갈증을 느낄 것이다.

2) 주께서 주신 갈하지 않는 생수를 마셨는가?

   그렇다면 배에서 솟아나는 영생하는 샘물이 될 것이다.

※ 만약 믿는다고 하면서 풍성한 삶을 체험하지 못했다면 병이 있다는 것을 자각할 것.

3) 자신의 갈증도 해소치 못했다면 남에게 어떻게 생수를 전해 주겠는가? 하나님의 은혜, 기쁨, 사랑과 힘, 말씀, 성령이 주신 생수 끝없이 흘러날 것이다.

4) 나는 남편이 몇 명이나 있었는가?

   지금 있는 남편은?

※ 하나님보다 더 사랑한 것은 남편이다. 내 몸, 재산, 학교, 가정, 친구, 나는 이 여인보다 더 더러운 죄인이다. 남편이 수십 명이 된 창녀다.

5) 주님을 만난 우리들은 물동이를 버려두고 뛰어갔는가?

6) 와보라고 몇 명이나 소개했는가?

7) 하나님께 진정한 예배를 드리고 있는가?

"나의 행한 모든 것을 내게 말한 그리스도"를 소개할 수 있는 가?(29)

남들이 만난 그리스도만을 소개하는가?

## 겟세마네기도(Praying)

주여! 나를 발견하게 해주신 것을 감사합니다. 저는 주님보다 더 사랑한 남편을 수십 명이나 가지고 있는 죄인입니다. 용서 해주시고 주님만을 모시게 하옵소서.

절대적인 신앙과 헌신을 주옵소서. 참다운 예배를 드리게 하옵소서. 예수님 이름으로 기도합니다.

－아멘－

# 9. 가라! 네 아들이 살았다(4:43~53)

## 말씀의 묵상(Thinking)

1) 갈릴리로 가신 이유와 그 효과는?(43~45)

이유: 선지자가 고향에서는 대접을 받지 못했다.(44)

결과: 갈릴리 사람은 예수님을 환영했다.(45~)

※ 어디서나 존경을 받는 예언자도 자기 고향과 자기 집에서만은 존경을 받지 못한다.(마 13:57)

2) 갈릴리 사람들은 왜 예수를 영접했는가?(45~)

3) 가나는 어떤 곳인가?

나다나엘의 고향 21:2, 처음 기적을 행한 곳 2:1, 가버나움에서 34km

※ 가버나움과 벳세다는 저주받는 동네다.(마 11:21~23) 그러나 가나는 축복받은 동네다.

4) 표적을 보고 믿는 신앙과 보지 않고 믿는 신앙은?

유대인은 표적을 구하는 신앙(고전 1:22)

보지 않고 믿는 신앙은 더 복되다.(요 20:29)

※ 예수님은 말씀을 듣고 하나님의 아들로 믿는 신앙을 요구하신다.(48)

5) 왕의 신하의 신앙과 백부장의 신앙(마 8:7~8)을 비교하라.

왕의 신하는 ① 예수님이 꼭 오셔야 될 줄 믿었다.

② 죽은 후에라도 살릴 줄 몰랐다.

백부장은 "말씀으로만 하옵소서." 했고 예수님도 "이런 믿음을 만나지 못했다"라고 칭찬했다.

6) 어제 7시는 어느 때인가?(52)

하오 1시(한국시간) 예수님이 말씀하실 때 34km 걸어서 가버나움까지 오고 하인들은 마중 나오고 밤 10시쯤 되었을 것이다. — 유대인은 해가 지면 다음날이 된다.

7) 왕의 신하의 신앙의 발전을 말하라.

① 예수님의 권능을 믿고 찾아옴.(47)

② 더 이상 구하지 않고 예수님의 말씀을 믿고 감.(50)

※ 언제나 같은 기도를 되풀이하는 것은 불신앙이다.

③ 예수님의 말씀대로 이뤄짐을 보고 예수가 하나님의 아들인 것을 믿었다.(53)

④ 온 가정이 믿고 구원(행 16:3)

8) 예수님은 어떤 분인가?
시간과 공간을 초월하는 분, 제한을 받지 않고 편재하신 하나님.

9) 왕의 신하의 교훈
① 신하로서 목수이신 예수님을 찾아온 겸손한 자(34㎞)
② 실망할 줄 모르는 신하. "예수님의 표적과 기사를 보지 않으면 믿지 않는단" 말에도.
③ 믿음을 가진 신하(말씀만을 믿고 돌아간 사람)
④ 온 가족을 믿게 했다 조롱과 조소가 있었을 것이다.

## 적용(Application)

1) 내 가족의 영혼을 위해 34㎞나 걸어서 예수님 앞에 나올 수 있는 뜨거운 사랑이 있는가?

2) 우리가 구한 것을 들으시고 응답하시는 믿음을 확실히 믿고 일어설 믿음이 있는가?

3) 누구에게나 배울 수 있는 겸손 자세를 갖추었는가?

4) "네 아들이 살았다"는 주님의 말씀을 믿는가?

영적으로 죽은 부모가, 형제가, 친구가, 내 민족이 살았다.

주님의 약속을 믿는 대로 될 것이다.

## 겟세마네기도(Praying)

하나님 아버지! 구령의 뜨거운 마음을 주옵소서, 큰 믿음을 주옵소서.

주님의 약속을 감사합니다. 내 가족과 민족을 구원해주옵소서. 예수님의 이름으로 기도합니다.

-아멘-

제 5 장

# 10. 인간의 무능과 그리스도의 능력(5:1~18)

## 말씀의 묵상(Thinking)

1) 예루살렘에 있는 양문(The sheep Gate)이란?(2~)
   예루살렘에 있는 수많은 문들 중에 동북 편에 있었고 그 성문 안
   에 양시장이 있었다.(느 3:1)

2) 베데스다 못이란?
   자비의 집이란 뜻. 간헐천으로 때때로 물이 솟아오름으로 그때
   수면이 동한 것이고 전설에 천사가 내려와서 물을 동한 것으로
   유대인은 알고 있었을 것이다.

3) 안식일에 대한 율법 규정은?
   금요일 해질 때부터 토요일 해질 때까지 지키는 것은 모세의 계
   명이었다. 총 39조 234항에 달하는 금칙을 제정하였다. 그중 6조
   1항에 안식일에 공중 장소에서 개인 주택으로 물건을 운반하는
   자는, 부주의로 하였으면 그 죄로 인해 제사를 드릴 것이요, 고의
   로 했으면 그 몸을 쪼개고 돌로 칠 것이다.

   ※ 이런 유대인에게 병자가 자리를 들고 가는 것은 충분히 있을
      일이었다.

4) 베데스다 행각에 있는 사람들은 어떤 사람들인가?(3~)

※ 자비의 집(교회)의 주위에 영적 난치병을 앓은 자가 어떤 기적만을(물이 동한 때를)바라보고 요행을 기다리고 있다. 그리고 누군가 와서 못에 넣어주길 기다리고 있다.

5) 38년 된 병자는 어떤 사람인가?
고질된 난치병(남의 도움만을 기다릴 수밖에 없다.)

※ 38년은 이스라엘 광야 생활과 같으며 불신앙으로 혈기 마른 이스라엘 민족의 상징이기도 하다.

6) 왜 예수님께서 "낫고자 하느냐?" 물으셨을까?
낫고 싶어 하는지 알고자가 아니다. 자기의 무능과 절망을 시인하고 확인시킨 다음 하나님의 능력을 보여주기 위해서다. 율법은 인간의 무능과 죄인인 것을 알기 위해서 주셨다. 예수님은 그런 인간을 구원키 위해 오신 것이다. 때문에 죽음을 체험치 못한 사람은 예수 그리스도를 만날 수 없다.
그곳에 있는 많은 병자 중에서 가장 절망적인 38년 된 병자만이 예수 그리스도를 만나게 되었다.

7) 베데스다 못과 예수님과 비교해보자.

| 베데스다 | 예수님 |
|---|---|
| ① 사람이 찾아가고 | 예수님이 찾아오시고 |
| ② 때가 있고 | 항상(때가 따로 없다) |
| ③ 천사가 | 하나님이 |
| ④ 자기의 능력이 있어야 하고 | 절망했을 때 |
| ⑤ 고치지 못했고(38년) | 고침 |

⑥　자리에 누워 있고　　　　자리를 들고 걸어갔다

⑦　BC　　　　　　　　　　AD

8) 유대인들은 예수님이 고친 것에 대해 어떻게 생각했는가?(10:16)
   안식일에 고쳤다고 트집을 잡았다. 외식하는 종교가들은 이웃이
   죽든 살든 문제가 아니고 자기들의 교리와 교권 사수에만 혈안이
   되어있다.

9) 주일(안식일)은 왜 지켜야 하는가?
   명령으로 지킨 것이 아니라 은혜의 날이므로 쉬는 것이다. 일주일에
   하루를 쉬어도 하나님께서는 보상해주신다. 그것이 하나님의 원
   리다.(출 16:21~24) 하나님께서 주신 축복의 날에 일손을 놓고
   하나님께 예배하고 찬송과 영광을 드려야 한다. 엿새 동안에 육
   을 위해 살았으니 하루만이라도 영혼을 위해 경건하게 보내야 할
   것이다.

10) 죄와 병은 어떠한 관계가 있는가?(14~)
    9:3에는 병과 죄는 분리시켰는데 병의 원인은 죄에 있다.

    ※ 하나님께서는 내가 건강하기를 원하고 건강하는 것이 하나님
      의 뜻이다. 그리고 예수님께서 십자가에 우리의 연약함과 병
      을 담당하셨다.(마 8:17) 그리고 하나님께서는 약으로 치료하
      는 것보다 믿음으로 하나님의 권능으로 낫는 것을 기뻐하신
      다. 이 사람의 경우 죄가 직접 원인이 된 것 같다.

11) "내 아버지께서 일하시니 나도 일한다."는 무슨 뜻인가?(17~)
    하나님이 창조 후 안식하신 것은 외면적이고 내적으로는 계속

일하고 계신다. 전자는 창조이고 후자는 섭리다. 창조는 6일로
써 완성하셨지만 섭리는 쉼 없이 계속하신 사역이다. 때문에 성
자 하나님은 지금 일하신다는 것이다. 내주하신 성령께서도 계
속 일하신다.

12) 유대인은 왜 예수님을 죽이려고 했는가?(16~18)
    안식일에 병 고치고(민 15:32~36) 하나님을 내 아버지라 했기
    때문.(레 24:11~26)

13) 38년 된 병자가 낫게 된 동기는?
    ① 병 낫기를 사모(소원을 가진 것)
    ② 예수님을 만났다.(6~)
    ③ 순종(8~)
    ④ 믿고 걸어갔기 때문이다.
       걸어가지 않았으면 병은 낫지 않는다.

## 적용(Application)

1) 우리 민족과 38년 된 병자를 비교해보라.
   우리 민족의 고질화된 병이 어떻게 치료될 수 있을까?

2) "일어나 걸어가라."고 명령하신 말씀을 믿고 병은 낫지 않았지만
   걸어가는 것이다. 그때 병은 치료된다.

3) 우리는 이 병자처럼 누구의 도움을 기다리고 있지 않는가? 요행
   을 바라고 있지 않는가?

4) 나의 무능과 절망을 시인하고 있는가?

내가 능력이 있다고 생각할 때까지는 나의 하나님이 될 수 없다.

5) 인생 문제를 가지고 어디로 갈 것인가?
   베데스다인가? 예수님인가?

6) 형제의 기쁨을 같이 나누었는가?
   형제의 성공을 시기하고 질투하지는 않았는가?

7) 주일날을 내 영을 위하여 경건하게 보낼 수 있는가?

## 겟세마네기도(Praying)

> 주여! 우리 주위에 영적 난치병 환자가 너무나 많습니다. 요행을 기다리고 도움을 기다리고 있나이다. 이들에게 주님께서 찾아가 주옵소서. 그리고 자리를 들고 걸어가게 하옵소서. 예수님 이름으로 기도합니다.
>
> —아멘—

# 11. 사망에서 생명으로(5:19~47)

## 말씀의 묵상(Thinking)

반대자를 앞세워 당신의 권위를 증거하신 설교 내용이다.

1) 하나님의 일을 자기도 할 수 있다는 것을 증거(19~21)

2) 하나님께서 심판의 권위를 주셨고 그를 믿는 자는 사망에서 영생을 얻었다는 것.(22~29)

3) 예수 그리스도에 대한 증거 내용(30~39)

    ① 요한의 증거(35~36)

    ② 예수 그리스도 자신의 증거(36)

    ③ 하나님의 증거(37~38)

    ④ 성신의 증거(39)

4) 불신앙의 원인과 결과(40~47)

    ① 예수님에게 주어진 특권은 무엇인가?(21~23)

      a. 예수님은 생명을 주신 분(1:4, 11:25), 부활생명

      b. 심판하신 자(22)

        하나님께서 심판의 전 과정을 예수 그리스도에게 위임.

      c. 존경과 영광을 받으실 분(23)

        하나님을 공경하는 것처럼 아들을 공경하게 함.

    ② 예수 그리스도의 말씀을 듣고 하나님을 믿은 결과는?(24~)
      영생을 얻었고 심판에 이르지 아니하고 사망에서 생명으로 옮겨졌다.(현재완료형)

    ※ 구원이 벌써 확보되었다.

    ③ "이때"는 어느 때인가?(25~)
      주님의 음성을 듣고 믿을 현재이다.(고후 6:2) 종말에 육적으로 죽은 자가 복음을 듣고 무덤에서 나온 것처럼(살전 4:16) 영적으로 죽은 자가 복음을 듣고 새 생명을 얻는다.

    ④ 예수님이 가진 생명은 어떤 생명인가?(26~)
      영원한 생명(Eternal Life), 하나님의 생명(1:4) 생명의 근원이시다. 그러므로 생명을 공급해주신다.

    ⑤ 하나님께서 심판의 권세를 예수님께 주신 이유는?(27~)

인자(son of men)됨을 인하여

※ 인간의 성질을 가지고 있고 인간의 모든 마음을 아시기 때문이
다. 인간이신 예수님만이 인간의 약점을 이해하신다.(행 17:31)

⑥ 유대인들은 무엇을 기이히 여겼는가?(26~27)

  a. 예수 그리스도께서 영원한 생명의 원천으로 생명을 주시고

  b. 하나님으로부터 심판의 권세를 부여받고 사람을 심판하신
    다는 데 이상히 여겼다.

⑦ 생명의 심판과 사망의 심판의 표준은?(29)

  선한 일을 하는 자와 악한 일을 하는 자, 여기에서 구원이 선
  한 일을 행한 자에게 있는 듯이 보이나 선악의 표준은 주
  님께서 보시는 바 선악이므로 결국은 신자와 불신자의 별
  칭이다.(막 10:18) 계명을 지키는 것은 선의 결과이고 선
  자체는 하나님이시다.

⑧ 우리 주님의 심판은 왜 의로우신가?(30~)

  스스로 하지 않고 하나님의 뜻대로 하나님의 원대로 하기 때
  문이다.

⑨ 증거하신 이가 따로 있다는 말은 누구를 가리키는 말인가?(3
2~)세례요한

⑩ 사람에게 증거를 취하지 않는다는 말은?(34~)

  예수님은 사람의 증거를 받을 필요가 없다. 예수님의 증거만
  으로도 충분했다.(요 4:42~8:14) 그러나 유대인 중에 요한을
  믿는 사람들이 많음으로 그 사람도 구원받기 위해 요한의 증
  거를 인정한 것이다(요일 5:9).

⑪ 요한을 무엇에 비유했는가?(35~)

  등불, 예수님은 참 빛.

⑫ 하나님께서 예수 그리스도를 증거 하신 것은?(36~)

   a. 예수께서 지금 하고 계신 그 일 자체가 아버지께서 그리스
     도를 보내셨다고 증언하고 있는 것이다.(Living Bible)

   b. 하나님께서 친히 증거하신 일은?(37)

     예수님께서 세례 받으실 때에 하늘에서

     음성, "이는 내 사랑하는 아들이요 내 기뻐하는 자라 너희
     는 그의 말을 들으라."(1:32)

     형상: "성령이 비둘기 같이 나타남."(마 3:16)

⑬ 그러나 유대인은 예수를 믿지 않았기 때문에 어떤 결과를 가
  져왔는가?(38)

   a. 하나님의 음성과 그 형용을 보고(37)

   b. 그 말씀이 속에 없었다.(37)(성경을 보면서도)

   c. 영생을 잃은 것이다.(39)


※ 성경을 영생을 얻기 위해 상고하면서(그 성경은 예수 그리스
  도를 소개하는데) 영생을 얻기 위해 예수 그리스도에게 오기
  를 싫어하는 유대인이다.(40)


⑭ 왜 예수님께서 사람에게 영광을 받지 않으려고 했을까?(41~42)

  하나님의 사랑이 없기 때문이었다.(고전 13:1~3)

  아가페의 사랑이 없다면 율법 준수, 정통적 신앙, 성서 지식
  이 아무 소용없다. 그들은 이런 것으로 자기들 영광을 취하려
  했기 때문이다.

⑮ 왜 유대인들이 예수 그리스도를 영접하지 않았는가?

  만약 Anti-Christ가 왔다면(43~)

  하나님께로부터 왔기 때문이다.(요 10:25 요 1:11 요 15:19)

  만약 다른 사람이 자기의 영광을 보여 유대인의 육을 기쁘게

했다면 그들은 받아들일 것이다. 그들은 육의 정욕을 따라 행하기 때문이다.

⑯ 죄인을 고발하신 분은 누군가?(45~)

모세(율법이 죄인을 고발한다.)


※ 율법주의자들은 모세를 태산같이 믿고 있으나 결국 그들이 고발 대상인 것을 알지 못했다. 왜냐하면 율법을 지켜 행한 의인이 세상에는 없기 때문이다.


⑰ 모세와 예수님과는 어떤 관계인가?(46~)

모세는 오실 예수에 대하여 기록했다. 때문에 모세를 참으로 알면 그리스도를 알게 된다. 신약과 구약, 복음과 율법과의 관계가 분명히 명시되어있다. 모세를 믿었다면 모세가 기록한 것, 출애굽기의 성막의 역사, 유월절 레위기의 제전, 희생 등은 다 예수 그리스도의 모형이다.(고전 5:8, 10:4, 히 7:~) 이런 것을 믿었을 것이다(고후 3:14).


## 적용(Application)

1) 구원의 확신이 있는가?(24)


2) 선한 행위가 심판의 자리에서 변호할 수 있는가?

무엇이 나를 영생으로 인도하는가? 그것에 대해 얼마나 정력을 바쳤는가?

우리는 사람으로부터 명예와 하나님으로부터 영애 어느 편을 구하고 있는가?(갈 1:10)(44~)

3) 우리는 유대인이 모세를 믿은 것처럼 예수님보다 사람을 더 믿고
   의지한 일이 없는가?

## 겟세마네기도(Praying)

주여! 나에게 영생을 주신 것을 감사합니다.
우리 민족이 하나님의 음성을 듣고 살아가게 하시고 성경이
우리 민족의 경전이 되게 하옵소서. 예수님 이름으로 기도합
니다.

-아멘-

제 6 장

# 12. 주께 맡기라!(6:1~15)

## 말씀의 묵상(Thinking)

장소는 갈릴리 바다의 동북쪽 해안이었다. 요단강 입구의 동남쪽 3km 지점에 이 기사에 적합한 장소가 있다. 주님은 목자로서 우리를 기르시고 은혜를 풍족하게 공급해주시는 것을 실물 교훈으로 보여주신다.

전장에서는 혈기 마른 자를 고치심으로 생명의 부여자임을 보여주시고 본장은 군중을 먹이심으로 생명의 보급자로 나타내신다.

1) 많은 무리가 따르는 것은?(2~)

2) 갈릴리 바다의 별명?
   게네사렛(눅 5:1), 디베랴(요 6:1), 긴 네렛못(수 13:27)

3) 빌립의 신앙과 모세의 신앙을 비교하라(민 11:16~23)

   ※ 어떻게 하실 것을 아시고 시험코자 하신 것이다

4) 율법이 우리에게 일을 시키는 것과 주님께서 일을 시키는 것과의 다른 점은(롬 7:1~4) 율법은 대책을 세워주지 않고 일만을 시킨다. 주님께서 어떻게 하실 것을 미리 아시고 대책을 세우시고 시키기 때문에 순종만 하면 일은 주님께서 하신다.

5) 빌립과 안드레의 신앙을 비교하라.(7~9)

빌립은 타산적이고 과학적인 신앙이다.

안드레: 미련한 것 같은 비과학적 신앙이다. 이지적인 신앙이다.


6) 기적을 낳은 조건은?

① 굶주린 무리들이 따라다녔다.(5~)


※ 무엇인가 얻기 위해 따라다니는 무리에게 주신 것이다.


② 안드레의 믿음(9~)

안 될 줄 알면서도 바쳐보는 믿음

③ 어린이의 헌신

단순한 어린이는 이것이 자기가 바치면 굶는다는 것을 모르고
바친 것이다.

④ 그 보리떡을 예수님께 가지심(11)

제자들이 갖지 않고 어린아이 손에 쥐어있는 것도 아니다 주
님께서 가지시고 축사하신 것이다.

우리가 축복받는 비결은 우리 보리떡 같은 것을 주께 맡기는
것이다.(생명, 재산, 사업, 지식, 재능, 건강)

우리가 아무리 기적을 낳고 축복을 생산하려고 몸부림쳐도 헛
수고다. 보리떡 5개밖에 아니다. 주님께서 그것을 손에 쥘 때
는 상황이 달라진다. 5000명을 먹이고도 12광주리를 남게 하
실 것이다.

우리는 하나님 사랑과 축복이 없이는 한시도 살 수 없고 우리
는 아무것도 할 수 없다.

⑤ 사람들로 둘러앉게 하라.(10)

질서 있게 앉아 있었다. 만약 서로 더 먹으려고 했다면 기적

을 기대할 수 없다.

⑥ 나눠 주신다.(11)

나누어 주지 않았으면 보리떡 5개 물고기 2마리 그대로 있을 것이다.

⑦ 주님께서 말씀하신 대로 순종했다.

7) 왜 남은 조각을 주우라고 했을까?(12)

하나님의 은혜는 티끌만 한 것이라도 헛되이 하지 않으시고 그의 눈에는 쓸모없는 것이 없기 때문이다. 절제의 교훈을 우리에게 주신다.

8) 왜 산으로 예수님이 피해 가셨을까?

① 하나님의 음성은 십자가를 지고 인류의 죄를 대속하라 하셨고

② 사탄의 소리는 왕이 되어 이 땅에 낙원을 건설하라 하였다.

9) 우리에게 주는 교훈

① 예수님을 따르는 자에게 반드시 양식을 주시고

② 보잘 것 없는 보리떡이라도 주님 손에 있으면 기적이 일어난다.

③ 나의 영화보다는 하나님의 뜻이 무엇인지를 묻고 왕관이라도 물리칠 용기가 있어야 한다.

## 적용(Application)

1) 이 기적과 민족복음화의 가능성?

나 자신을 주님께 맡기기만 한다면 주님께서 복음화는 하실 것이다.

2) 나는 어떤 신앙의 소유자인가? 안드레, 빌립

3) 하나님의 은혜를 낭비한 일은 없는가?

4) 그 은혜를 나만 가지고 나에게서 머물고 있다면 기적은 일어나지 않는다.

5) 주님의 명령은 반드시 대책이 있기 때문에 내가 책임질 필요 없이 순종하면 된다.

겟세마네기도(Praying)

주여! 주님께 맡기지 못했음을 용서하소서.
내 힘으로 축복을 생산하려고 했습니다. 이젠 내가 하지 않게 하시고 주님만 바라보게 하옵소서. 보리떡 같은 나를 주께 드리오니 받으시고 축복하옵소서.
이 민족을 복음화시켜 주옵소서.

−아멘−

# 13. 두려워 말라 6:16∼21(마 14:22∼32, 막 6:45∼52)

말씀의 묵상(Thinking)

예수님은 군중을 피하셔서 산으로 가시고 제자들은 바다 건너편으로 배를 타고 가고 있었다. 밤은 야심하고 풍랑과 바람이 심하여 제자들은 어쩔 줄 모르고 떨고 있는데 예수님께서 바다 위를 걸어오셔서 "안심하라 두려워 말라."고 풍랑을 잔잔케 해주셨다.

1) 왜 제자들만 가버나움으로 가게 되었는가?(17)

홀로 산에 가셔서 어둡도록 오시지 않기 때문에

2) 십여 리는 얼마나 되는가?
원문에 25스타디온(1스타디온은 184.85m) 약 5㎞

3) 예수님이 계시지 않는 항로에 어떤 일이 일어났는가?(18)(마 14:24)
고난을 당하고 있었다.

4) 예수님께서 왜 물 위를 걸어서 제자들에게 오셨는가?
바람이 거스른데 제자들이 괴롭게 노 젖는 것을 보시고(막 6:48)

※ 우리 힘이 다할 때 주님께서 우리 힘을 보시고 세상을 밟으시
면서 우리를 찾으신다.

5) 두려워하고 있는 제자들에게 주님께서 무어라 하셨는가?(20)
막 6:54 "안심하라 내니 두려워 마라."

※ 인생의 모든 공포는 예수 그리스도를 믿을 때 다 해결된다.(요
14:1)

6) 주님을 만난 베드로는 무엇을 요청했는가?(마 14:29)

7) 베드로가 물에 빠졌는가?(30)

8) 말씀을 믿고 주님만을 보았을 때는 물 위로 걸을 수 있었으나 바
다를 보았을 때는 빠져 들어갔다.

9) 어떻게 풍랑이 잔잔해졌는가?(32)

주님께서 배에 오르시니 바다가 잔잔했다.

※ 세상의 구주로 알고 있을 때는 여전히 풍랑이 심하다. 나의 구주로 영접하니 풍파가 잔잔하다. 개인적으로 주님과 만났을 때 마음의 풍랑이 잔잔하고 구속한 주만 보이게 된다.

찬송 204장 "예수로 나의 구주삼고"

10) 배에 탄 사람의 고백은?

진실로 하나님의 아들이었다.

※ 인생문제, 사회, 국가 문제의 유일한 길은 하나님의 아들이신 주님을 영접하는 길밖에 없다. 다른 어떤 길도 소용이 없음을 기억하라.

## 적용(Application)

1) 예수님 없었던 내 생활은 어떤 일이 일어났는가? 이야기해보라.

2) 마음속 풍랑이 잔잔한가.

아직도 공포와 갈등과 좌절이 우리를 지배한다면 빨리 내 인생의 왕좌에 주님을 모시라.

3) 주님만 바라보고 있는가?

세상을 보면 세상에 빠져 들어간다.

4) 모든 문제를 내 노력에 의해서 해결할 수 있는가?

헛된 노력이다.

"세파에 시달린 나에게 안심하라 내니 두려워 말라."

주님의 음성을 듣고 있는가?


## 겟세마네기도(Praying)

> 주여! 주님을 마음의 왕좌에 영접합니다. 마음에 풍파를 잔잔
> 케 하시고 평안과 기쁨만이 있게 하소서. 주님만 바라보게 하
> 소서. 세상을 보지 않게 하소서.
>
> —아멘—


# 14. 생명의 떡(6:22~59)


## 말씀의 묵상(Thinking)

오병이어의 기적은 이 생명의 떡에 대한 설교를 하시기 위해서였다.

육적인 그들에게 떡을 충분히 주는 것은 영적으로도 배부르게 하
는 예표였다. 예수님께서는 떡에 대해서 "하늘에서 내린 떡, 하나님
의 떡, 생명의 떡" 거듭 말씀하셨다.


1) 군중이 예수님을 찾는 이유는?

표적을 본 까닭이 아니요 떡을 먹고 배부른 까닭이다.(26)


※ 표적을 참뜻에서 보았다면 예수님이 하나님의 아들이신 것을
알고도 남았을 것이다. 표적에 대해서는 전혀 생각도 없이 빵
에만 정신이 있었다.

즉 물질적 현세에 만족을 추구하고 예수 그리스도에 대해서는 생각할 여지가 없다.

2) 썩을 양식과 영원한 양식은 무엇인가?(27~)
썩을 양식은 오늘도 내일도 먹어야 하는 물질적인 것, 육적인 것, 영원한 양식은 피와 살(51, 53) 영원한 생명에 이르게 하는 예수 그리스도

※ 세상 것으로는 만족할 수 없고 채워도 채워도 불만이고 허무하다(지식, 명예, 돈) 그러나 주님은 우리에게 생명을 주시고 풍성한 삶을 주신다.(16:10)

3) 하나님의 일은(하나님께서 요구하시는 일) 무엇인가?(39)
예수 그리스도를 믿는 것이다.

※ 그러나 유대인들은 예수님께 묻기를 어떻게 해야 하나님의 일들(works of God)을 하오리까?
많은 선한 일을 해야 예수 그리스도의 일인 줄 생각한다. 그러나 하나님의 일은 율법상의 여러 가지 행위가 아니라 예수 그리스도를 믿는 것(This is the work of God, that you believe in him whom he has send) 단수 한 가지뿐이다.

4) 그들의 질문은 무엇인가?(30~31)
하나님의 일이 하나님이 보낸 예수 그리스도를 믿는 것이라 했는데 하나님께서 보내주셨다면 어떤 표적이 있어야 할 것 아닙니까? 우리에게 무엇을 보여주시오.
※ 그 당시는 하늘로부터 내려오는 표적이 있어야 믿음. 모세가

만나를 내렸듯이(출 16:4~5, 13~20)

5) 하나님께서 주신 떡은?(32~33)

모세가 준 만나(출 16:12) 율법도 철학 종교도 세상에 속한 것이다. 그러나 하나님께서 주신 떡은 세상에는 없고 하늘에서 내려지는 것이다. 이것은 이스라엘만 준 것이 아니라 온 세상에 주어진 것인데 예수 그리스도다.

이 예수님이 세상 사람에게 영생을 주신다.

6) 이 생명의 떡을 얻으려면 어떻게 해야 하는가?(34~36)

예수께 나와 예수를 믿어야 한다(4:14)

예수님을 참 떡 32 – 성격

하나님의 떡 39 – 기원

영생의 떡 34 – 결과

7) "아버지께서 내게 주신 자는 내게로 올 것이요"라는 말은?(37)

너희는 하나님의 선민이라고 자랑하지만 너희들은 하나님의 버림 받는 자들이다. 왜냐하면 하나님께서 택하신 자를 나에게 주셨다. 그들은 진심으로 나를 찾고 나를 믿기 때문이다.(롬 3:30) 그러므로 믿음은 자유의사에서 나온 것이 아니라 하나님의 선물이다.

8) 예수님이 오신 것은 누구의 뜻을 행하기 위해 오셨는가?(39) 하나님의 뜻

9) 하나님의 뜻은 무엇인가?(40)

예수 그리스도를 믿는 자라면 영원한 생명을 얻는 일이다. 우리가 죽음을 이기고 영원한 세계에 들어가는 것이 하나님의 요구하

시는 것이다.

10) 유대인들은 무엇에 대해 서로 수군거렸는가?(41~42)
유대인들은 육신적으로 요셉의 아들인 형제들을 잘 알고 있었
는데 왜 하늘에서 왔다 하느냐?

※ 이것이 고향에서 대접을 받지 못한 원인이고 불신의 영들이다.
※ 주님을 아는 데는 세상학문이나 적은 지식이 큰 암이 될 수
있다.(골 2:8~9)을 읽으라. 철학과 초등학문으로 보배를 노략
질 당하고 있다.

11) 예수를 자기 의사로 믿을 수 있는가?(44~45)
아버지께서 이끌지 아니하면 내게로 올 수 없다.(마 16:17, 요 15:16)

※ 우리의 노력이나 지식이나 이성으로 예수 그리스도를 믿는 것
이 아니다. 이것은 하나님의 선물이다.(엡 2:8~9)

12) "아버지에게 듣고 배운 자마다 내게 온다"는 말은 무슨 말인
가?(45~46)
하나님을 직접 만나서 배운다는 말이 아니고 예수 그리스도께
와서 하나님을 배워야 한다는 말이다. 왜냐하면 예수 그리스도
만이 하나님께로부터 와서 하나님을 보았기 때문이다.(1:18)

※ 예수님은 하나님의 영광을 나타내시고 성령은 영광을 나타내
신다.

13) 영생을 얻는 유일한 길은 무엇인가?(47)

사람으로서는 하나님을 볼 수 없으니 예수 그리스도가 하늘에서 내려온 떡인 것을 믿는 것 외에는 다른 길이 없다. 유대인들이 하나님을 찾고 있기 때문에 다시 말씀하셨다.

14) 예수님이 주신 떡은 무엇인가?(51~)
　　예수님의 살(눅 22:19)

15) 믿음의 본질을 말하라(52~59)
　　믿음이란 하나님의 존재를 설명하는 것.
　　교리를 받아들인 것도, 교회에 속해 있는 것도, 의식에 참석하는 것도(세례, 성찬), 열심도, 믿음이 아니다. 예수님의 살을 먹고 피를 마시는 것이다. 다시 말하자면 우리 죄 때문에 죽고 우리를 의롭다 하심을 위해서 살아나신 주님을 전부 나의 것으로 여기고 나의 생명을 그에게 드리고 예수 그리스도의 생명이 나에게 살게 하는 것이다.(갈 2:20)

## 적용(Application)

1) 예수를 믿는 이유를 말하라.
　　성공하기 위해서, 병을 치료하기 위해서, 대학 생활을 뜻있게 보내기 위해서, 선한 일을 많이 하기 위해서 우리가 예수 그리스도를 믿는 것은 주님이 생명이기 때문에 믿으면 살고 안 믿으면 죽는다.

2) 우리가 해야 할 하나님의 기뻐하신 일은 무엇인가?(정치 참여, 사회 참여, 사회봉사) 막 10:17~22, 눅 10:42 한 가지 좋은 일
　　율법적인 행위가 아니라 오직 예수 그리스도를 믿는 믿음뿐이다.

(히 11:6~ )

3) 내가 하는 일이(공부하는 것이) 60~70년밖에 못사는 육을 위해선
   가, 영원히 사는 영을 위해선가?
   생명의 떡은 먹어도 먹어도 늘 먹어야 하고 육신의 떡과는 달리
   영원히 굶주림이 없다.

4) 하나님의 뜻이 무엇인지 알고 있는가?
   내가 잘되는 것.(부자, 박사, 장관, 예술인)
   세상적으로 성공한 것이 아니라 예수 믿고 영원한 생명을 얻는
   것이다.(누구나)

## 겟세마네기도(Praying)

> 주여! 우리에게 영생을 주신 것을 감사합니다. 주님만이 나의 생명
> 이고 나의 길이십니다. 다른 많은 일을 통해서 하나님을 기쁘게
> 하려고 하지 않게 하소서. 오로지 주님만을 따르게 하소서. 하나님
> 의 뜻이 무엇인지 우리 민족이 알게 하옵소서.
> 예수님 이름으로 기도합니다.
>
> -아멘-

# 제 7 장

# 15. 이탈과 추종(6:60~71)

## 말씀의 묵상(Thinking)

수많은 군중들은 5병2어의 기적을 통해 배를 채우고 나서 그들은 주님을 정치적인 메시야로서 이스라엘을 로마의 압정하에서 구출해 주실 것을 믿고 따르고 열광적으로 따르고 있었다. 그리고 하나님의 일은 자기 민족을 구해주는 것이라고 생각했는데 예수 그리스도를 믿는 것이 하나님의 일이다.

"나는 생명의 떡이니 이 떡을 먹는 자는 영원히 산다."

"내 살을 먹고 내 피를 마시는 자는 내 안에 거하고 나도 그 안에 거한다."

내 살과 내 피를 마시지 않으면 네 속에 생명이 없느니라. 이해될 수 없는 영적인 하나님의 메시지를 듣고는 모두 예수 그리스도를 떠나 버리고 다시는 예수 그리스도와 같이 다니지 않았다.(66) 만약 예수 그리스도께서 이들에게 이 생명의 메시지를 전하지 않고 정치적인 발언, 도덕적인 교훈, 사회 참여의 선동을 했다면 한 사람도 떠나지 않고 계속 따랐을 것이다.

다만 12제자만 남아 있었다.

1) 예수님께서 이 제자들에게 너희도 가려느냐? 질문하신다.

제자들은 무슨 말씀이 어렵다고 한 것인가?(60)

내 살을 먹고 내 피를 마신 자마다 영생을 얻는다는 말(불평, 불만이다)

2) 예수 그리스도께서 이 말씀을 어떻게 해석하셨는가?(62~63)

육체의 문제가 아니라 영의 문제이고 영원한 생명의 문제다.(고전 6:17)

예수를 믿는 것이 그의 피를 먹는 것이고 그의 피를 마시는 것이다. 그리고 그의 생명을 받아들이는 것이다. 이것이 곧 성찬 예식이다.

3) 믿지 않는 자와 팔 자는 누구인가?(64)

4) 왜 많은 제자들이 예수를 떠났는가?(66)

① 말씀이 이해가 되지 않으므로(60~)

(배울 자세가 되어있지 않았다.)

② 자기들의 목적과 상반되므로(26~)

③ 참 제자가 아니므로 참 진리를 이해치 못한 제자들은 언제나 이탈할 가능성이 있다. 참으로 주님을 구하지 아니하고 주님을 이용하여 자기의 유익을 추구한 자에게는 이런 슬픔을 맛보게 된다.(눅 14:25~33)

※ 예수님께서는 참 제자와 육적 생각만 하는 사람을 식별하여 참 제자만을 택하셨다.

④ 예수님의 설교는 사람을 끌려고 귀를 즐겁게 하지 않았기 때문에 오히려 반발을 일으켜서 떠나게 한다. 육적인 사람을 몰아내시고 참 제자만을 육성하심.(갈 4:30)

5) 너희도 가려느냐의 예수님의 질문에 대한 베드로의 답변은?(67~69)

※ 주님을 만난 이상 갈 곳이 있을 리 없다.

생수가 있고 생명의 떡이 있는데, 생명이고 길인데 내가 살고 민족이 살길이 여기 있는데 또 인생의 목적이 있고 평안이 있고 내 병을 치료할 곳이 여기 있는데 내가 뉘에게로 가오리까? 그러나 아직도 주님을 발견치 못한 사람은 갈 곳이 너무 많다. 이곳이나 저곳이나 생수를 찾아 헤매지만 고달프기만 하고 목적도 없고 방향도 없다.

6) 예수 그리스도가 하나님인 것을 어떻게 아는가?(69~)

"알고 믿는 것이 아니라" "믿고 알게 된다." 먼저 믿으면 된다. 예수 그리스도를 알게 되면 베드로의 고백을 할 수밖에 없다.

7) 왜 12제자 중 가룟 유다를 택했을까?(70)

① 마귀의 활동을 허용

② 주님의 관대성

③ 교회 내의 알곡과 죽정이

④ 12:1의 가능성 경고

## 적용(Application)

1) 나는 무엇 때문에 예수님을 따르고 있는가?

주님에게서 영원히 주리지 않는 떡을 발견치 못했다면 주님에게서 다른 것을 찾으려고 하기 때문이다.(군중들처럼)

① 인간의 애정을 구하고 있는가?

따뜻한 미소, 부드러운 언어, 친절 이런 것에만 매달려 있으면 곧 목말라버린다.

예수 그리스도의 사랑을 맛보라! 배에서 강처럼 생수가 솟을 것이다. 그리고 받으려고 하지 않고 주고 싶어서 전하고 싶어서 견딜 수 없을 것이다. 교회에도 사랑을 주려고 나올 것이다.

② 지식에 굶주리고 있는가?

예수님은 인간에게 지식을 주러 오신 분이 아니다. 가르치는 스승도 아니다. 생명의 원천이다. 지식의 전당이 얼마든지 있다. 그러나 배고픔과 목마름은 해결하지 못한다. 주님을 만나라 주님은 지식의 근본이시다.

③ 우리는 우리 민족에게 무엇을 줄 것인가?

영원히 목마르지 아니한 생수이신 예수 그리스도를 주라.

"영원한 생명의 떡인 예수 그리스도를 주라."

2) 주님께서 너희는 어떻게 하려느냐고 하신다면?

① 공부를 열심히 하여서 훌륭한 사람이 되어 가지고 주님을 따르겠습니다.

② 돈이 있어야겠으니 돈을 벌어가지고 오겠습니다.

③ 작은 일은 내가 하고 내가 할 수 없는 큰일이 있을 때 찾아보겠습니다.

④ 내 인생이 너무 아깝습니다. 늙어지면 오겠습니다.

⑤ 선한 정치 참여, 사회 참여를 해서 사회를 정화시켜 놓고 주님과 같이 지내겠습니다.

※ 주님에게 영생의 말씀이 있고 주님이 하나님의 거룩한 자인 것을 믿고 알았는데 내가 무엇을 한단 말입니까?

굶든지 망하든지 흥하든지 죽든지 살든지 주님과 같이 있겠습니다. 가 보았자 뻔한 일입니다. 아예 가지 않겠습니다.

예) 롬 7:1~4의 여인이 새 남편

그리워하고 사모하던 그 여인을 만났는데(아가서 4:1~16)

나의 사랑하는 자가 그 동산에 들어가서 그 아름다운 실과 먹기를 원한다.

그런데 내가 뉘에게로 가오리까?

과거의 일을 생각하면 죄의 율법의 쇠사슬에 매여 끌려 다니던 일을 생각하면 지옥이었는데 이젠, 내가 뉘에게로 가오리까?

일편단심 주님 곁에만 있겠습니다.

"나는 가룻 유다가 절대로 되지 않겠습니다"고 생각하는가? 악령의 지배를 받으면 가룻 유다라.(12:1)

가룻 유다임을 자각하라.

## 겟세마네기도(Praying)

주여!
주님을 발견하게 하신 것을 감사합니다.
주님 곁을 떠나지 않게 하옵소서.
주님의 사랑 전하게 하옵소서.
삶의 길을 다른 곳에서 찾고 있는 불쌍한 이 민족을 구원하옵소서.
예수 이름으로 기도합니다.

－아멘－

# 16. 초막절의 예수님 설교(7:1~36)

## 말씀의 묵상(Thinking)

많은 사람이 모이는 이런 명절에 상경해서 이적을 행하고 자신을 나타낼 좋은 기회였기 때문에 형제들이 권유했다. "자신을 세상에 나타내소서."(4~)

그러나 유혹의 소리요, 육에 속한 사람의 음성이고 사탄의 소리였다.

온 세상을 준 대도, 왕위를 준 대도, 피하셨던 주님은 상경하지 않으시고 며칠 후 불행한 사람의 영혼을 구원키 위해 혼자서 비밀히 상경하셨다.

(10-)세상의 위대한 사람들은 자기를 나타내고 선전하는데 주님 께서는 세상에서 감추시고 다만 하나님의 영광만을 구하셨다. 18-예수님의 자제와 순종과 겸손을 볼 수 있다.

1) 유대에서 돌아다니시지 않은 것은 무슨 이유였는가?(1~)
   유대 지도자(Jewish leader)들이 죽이려고 했기 때문에 십자가 때 까지는 극한 충돌을 피하신 것이다.

※ 종교 지도자들이 예수를 죽이려 했다.

2) 예수님 형제들은 어떤 사람인가?(3~5)
   ① 마 13:15 막 6:3 야고보, 요셉, 시몬, 유다.
   ② 유대에서는 예수를 죽이려 하는데 그곳으로 가자고 했다.
   ③ 예수님의 능력을 모든 사람에게 나타내 보이라고 했다.
   ④ 예수님이 갈릴리에서 소수의 사람들에게만 쓸쓸하게 전도하고 계심으로 과연 메시야인지 의심이 나서 그런 충고를 했을 것 이다.
   ⑤ 그들은 예수를 믿지 않고 있다가 부활 후 믿었다.(행 1:14~ )

3) 내 때와 너희 때는 어느 때인가?(6~)
   ① 예수님께서 이 땅에서 역사를 하시기에 적합한 때 곧 수난의 때이다. 하나님께서 지시할 때를 주께서 기다리고 있었다.

② 특별한 사명이 없는 사람은 특별한 때가 없고 언제나 나타낼
   수 있다.

4) 예수님을 미워한 까닭은?(7~)
   세상에 속하지 않고 세상을 악하다고 비난함으로

5) 동생들을 세상이 미워하지 않은 것은?
   세상이 자기에게 속해있는 사람을 미워할 필요가 없다.(15:19)

   ※ 육에 속한 사람은 세상과 짝이 되어 어울리기 때문에 오히려
      사랑할 것이다. 그러나 성령의 사람은 세상에 거치는 것이다.
      (갈 5:17, 4:29)

6) "명절에 아직 올라가지 아니하노라." 8절과 10절을 어떻게 생각
   하는가?
   원어에 8절은, "만일 내가 바로 지금 너희와 함께 올라가면 내가 바
   라는 기회는 갖지 못하게 될 것이다. 이 시기는 적절하지 못하다."
   그래서 명절 중간까지 가는 것을 지연시켰다. 왜냐하면 처음부터
   가는 것보다는 군중이 모여서 기다리고 있을 때 가는 것이 기회
   가 좋았기 때문일 것이다.

7) 유대지도자(Jewish leader)들이 왜 예수님을 찾았는가?(11~)
   그들이 찾는 것은 그 속에 모함하려는 악의가 내포된 것이 확실
   하다.

8) 무리들의 반응은 어떠했는가?(12~13)
   둘로 나누어졌는데 하나는 예수 그리스도 편으로 예수님은 좋은

사람이라고 했고 하나는 대적들이었는데 그들은 "우리를 미혹한
자"라고 수군거렸다.
유대 교권자들을 두려워하여 무리들은 크게 말하지 않았다.

※ 신앙과 양심의 자유를 막는 두 가지가 있는데 그것은 정권과
교권의 횡포에서 온다. 정권은 교회가 외적인 위축을 받고 교
권은 교회가 내적인 부패를 받는다.

9) 왜 유대인들이 기이히 여기는가?(14~15)
글을 배워보지 않은 분이 성서를 가르치고 있었기 때문이다.

※ 성서의 지식은 성령으로 주어진 것이지 학문으로 주어진 것이
아니다.

10) 하나님의 교훈과 사람의 교훈을 구별하라.(16~18)
사람이 하나님의 뜻을 행하려고 하는 열망적인 태도로서 진위
를 알 수 있다.(17)

※ 철학적인 고찰, 신학적인 연구, 심리학적 연구, 역사적 고찰,
성서 연구, 비교 종교학 등 어떤 것 가지고도 구별할 수 없고
신령한 자라야 신령한 것을 구별할 수 있다.(고전 2:14)
① 많은 종교, 철학적 교훈이 있지만 예수 그리스도에게서 나
온 것만이(복음) 하나님께로서 나온 것이다.
② 수양, 노력, 도를 닦음으로 의로워진다는 생각은 노력을 적
게 한 사람이다. 더 노력해보라!
헛수고임을 알 것이다. 여기에 이르러 예수 그리스도의 십
자가의 보혈만이 유일한 것임을 알게 될 것이다.

③ 하나님의 영광을 구하느냐, 자기 영광을 구하느냐에 따라
정해진다.(18~)

11) 19절을 설명하라, 율법을 어떻게 안 지켰는가?(22~24)

할례가 율법이라고 하지만 실은 모세에게서 난 것이 아니고 아
브라함에게서 난 것이다. 안식일보다 덜 중요한 것을 가지고도
율법을 지키려고 안식을 범한다. 그러나 나는 하나님의 명하신
대로 안식일에 전신을 고치기 위해 안식을 범했다 해서 그것이
잘못이 무엇인가?

이것은 형식적으로는 안식을 범했다 해도 실질적으로는 이를
거룩하게 지키는 것이다.

※ 안식일을 율법적으로 지켜야 하는 부당한 교리를 타파해야 한다.
주일날 경건하게 예배드리며 온종일 쉬는 일도 좋지만 영혼을
구하는 데 사용되면 더욱 좋을 것 같다.

12) 무리가 무엇 때문에 기이히 여겼는가?

안식일에 베데스다 못의 환자를 치유하신 한 가지 사건

13) 외모로 판단치 말고 공의로 판단할 것에 대해 할례와 안식일 문
제를 들어 예수님께서 어떻게 말씀하셨는가?(22~24)

안식일에 병 고친 것에 대해, 겉으로 보면 율법을 범한 것같이
보이지만 오히려 율법을 지키고 율법을 이루는 것이다.(안식일
도 사람을 위해 있기 때문이다.)

형식주의 전통주의에 사로잡혀 있는 자는 그의 의를 모르고 껍
질만을 중히 여기고 이를 범하는 자를 큰 죄인으로 생각한다.
부패할수록 형식에 치중한다.

※ 바벨탑의 원리는 무엇을 의미하는가?

"자! 우리 이름을 내고 하늘 닿게 쌓자." 인간을 과시하고 허식과 허영이고 위선이다. 이것이 바벨의 원리이다. 초대 교회에 처음으로 무슨 죄가 들어왔는가? 아나니아와 삽비라가 남들이 재산을 팔아 사도들 앞에 내놓은 것을 보고 자기도 그렇게 하는 체하였다. 즉 외식하는 죄였다.

이스라엘이 가나안에 입주한 후 처음 죄악은 인간이 바벨론산 외투를 훔친 죄였다. 이것은 자기를 아름다운 외투로 위장하고 아름다움을 가장한 것이다. 허영이고 위선이다. 이것을 하나님께서는 용납지 않으셨다.

실내용은 그렇지 않으면서 겉으로는 그런 체하는 외식적 죄악을 우리는 걷어 버리고 적나라한 인간의 모습 그대로 주님께 보여야 한다.

14) 예루살렘 사람들은 어떤 사람들인가?(25~28)

① 유대인 지도자들이 예수 그리스도를 죽이려는 사실을 알고 있었다.(25)~7:25

② 그런데 나타나서 공적으로 말을 해도 교권자들이 체포하지 않은 것을 보면 혹시 당국자들의 태도가 변하여 그리스도인 것을 인정하게 되었는가 하는 상상까지 하게 된다.(26)

③ 예수님이 어떤 사람인지 인적 사항을 알고 있었다. 즉 사신 곳, 부모형제가 누구인지 알고 있었다.

④ 예수 그리스도가 오실 때에는 어디서 오는지 모르며 돌연히 오신다고 생각하고 있었다. 그러므로 예수님은(잘 알고 있음으로) 메시야라 할 수 없다는 것이다.

※ 여기서 천박한 지식이 예수 그리스도를 앞에 두고도 못 보는

원인이 되는 것이다.

15) 예수님께서 성전에서 가르치신 내용은 무엇인가?(28~29)
　① 너희들이 나를 잘 알고 있다고는 하지만 잘못 알고 있다.
　② 내가 난 곳은 하늘이고 나의 아버지는 하나님이시다.
　③ 내가 오고 싶어서 온 것이 아니고 하나님께서 보내셨다.
　④ 내가 메시야다.

※ 우리도 하나님께 속한 사람이다. 세상은 이것을 모른다.

16) 왜 예수를 잡고자 했는가?(30)
　5:18 왜 못 잡았는가?
　하나님의 경륜을 인간이 어기지를 못했던 것이다.

17) 무리 중에 많은 사람이 왜 예수를 믿었는가?(31~, 12~)
　그들에게는 어떤 교파적 편견이 없었기 때문에 오히려 예수님을 바라볼 수 있었다. 그리고 예수님의 표적이 충분한 증거가 되었다.

18) 교권자들이 하속들을 예수님께 보낸 이유는?(32)
　무리가 수군거리는 말을 듣고 예수님을 잡으려고 직업적 종교가가 걱정하는 바가 항상 이것이다. 이들은 자기들의 가르침이 진리라고 생각하는 군중이 예수를 좇고 자기들을 떠나가지 않을까 염려하는 것이다.

19) 교권자들에게 하신 예수님의 메시지(message)는?(33~36)
　① 조금 있다가 하나님께로 가겠다.(33)

② 그때는 나를 찾아도 만나지 못하고(34)

③ 나 있는 곳에 오지 못한다.

※ 죽음과 부활과 승천을 표징적으로 말씀하셨다.

20) 이 말씀을 유대인들은 어떻게 이해했는가?(35)

※ 오늘도 다시 재림하신다는 주님의 말씀을 귀가 있는 자는 들을진저!

21) 예수님을 대하는 사람들의 종류를 말하라.

① 교권자(32) - 가장 예수를 미워한 바리새인, 제사장들. 이들은 영적 명목으로 이익과 특권을 목적으로 했기 때문에 예수를 못 봤다.

② 예루살렘 사람(25) - 바리새인과 접촉할 기회가 많았기 때문에 종교적 지식을 가지고 있었다. 그것이 예수를 못 보게 했다.(교회에만 다니는 사람)

③ 군중(31) - 평신도, 순진한 사람(믿는 자가 많다.)

④ 하속(32) - 기계적으로 그때그때 움직이는 사람

## 적용(Application)

1) 우리도 세상 친구에게 미움을 받는가, 사랑을 받는가?

7 - 세상과 짝하면 예수 그리스도와는 멀어진다.

2) 세상에서 극렬한 충돌을 우리는 어떻게 대처할 것인가?

1 - 충돌을 피함.

3) 우리 주위에서 신앙과 양심의 자유를 막는 것이 있는가?(12~13)
   여기에 대해 우리는 어떻게 할 것인가?

4) 하나님의 일군과 인간적인 사람을 어떻게 구별할 수 있을까?(16~18)

5) 내 속에 숨어있는 바벨의 요소를 찾아보라.
   ● 아나니아 ● 삽비라 ● 바벨탑 ● 아간

6) 우리도 사람을 어떻게 판단하고 있는가?(24)
   내 자신에게 싫은 말을 한다고 해서 그 사람이 하나님과도 멀어
   진 사람이라고 생각지 말라.

## 겟세마네기도(Praying)

> 주여!
> 우리도 세상과 짝했던 사람입니다.
> 불의에 대해 타협하지 않게 하시고 바벨의 요소를 없애 주옵
> 소서.
> 사람을 외모로 판단하지 않게 하옵소서.
> -아멘-

# 17. 목마른 심령에게(7:37~53)

## 말씀의 묵상(Thinking)

이 명절에는 매일 실로암 못의 흐르는 물을 금 그릇에 길어가지고 와서 성전의 단에 붓고 수확의 축복을 기도하는 관례가 있었다.

주님께서는 이때를 이용하셔서 "누구든지 목마르거든 내게 와서 마시라. 나를 믿는 자는 성경에서 이름과 같이 그 배에서 생수의 강이 흘러나리라."

모든 축제 기분에 들떠서 기뻐하고 있었지만 마음속에는 허무와 불안과 갈등으로 차 있음을 아시고 이렇게 외치신 말씀이다.

1) 명절 끝 날이란?(37)

장막절의 마치는 날인 동시에 그 축하의 절정인 제8일째 날이다. 이날은 먼 광야 생활을 마치고 가나안에 들어간 사실을 기념하면서 제각기 장막을 거두고 집으로 돌아가는 날이다. 이날은 "호산나의 날"이라고도 한다. 제각기 호산나를 부르면서 제단을 7번 돈다.

2) 예수를 믿는 자는(내게 와서 마시는 자는) 어떻게 되는가?(38)

(사 12:3, 44:3, 55:1, 겔 47:9, 슥 13:1, 14:8)

예수 그리스도를 믿는 자는 자기의 갈증(불만, 불평, 초조, 허무, 갈등)을 영원히 없이 할 뿐만 아니라 자기 배에서 생수(은혜의 성령, 기쁨, 사랑)가 강물처럼 흘러나와 많은 타인의 갈증도 없이 해줄 수 있다.(요 4:14)

※ 많은 지식과 명예, 재산이나 또는 장막절의 1주간 축제도 지

냈지만 영의 갈증은 해소가 안 되고 허탈감에 빠져 죽게 된 것이다.

3) 배에서 생수의 강이 흘러나온다는 말은 무슨 뜻인가?(38~39)
성령 충만을 의미한다.
기독교인의 삶은 고달프고, 애통하고, 고행하는 삶이 아니다. 기독교인의 삶은 풍성하고, 기쁘고, 즐거운 가슴 설레는 삶이다.

예) 히피의간증: 마약에 취한 것을 쓰레기통에 취함이라면 성령에 취함은 하늘을 나는 황홀감이다.

예) 18세기 영국에 요한 웨슬레를 통하여 영적 부흥운동이 일어났던 도시마다 영화관, 술집, 도박장, 마장 등이 모두 문을 닫고 희극 배우들이 만담을 해도 웃지 않았다. 세상에 대해 흥미가 없었기 때문이다. 성령 충만은 차원 높은 천국 생활이다.

4) 예수 그리스도의 말씀을 듣고 나서 무리의 반응은 어떠했는가?(40~44)

① 참으로 선지자(40)

② 그리스도(41)

③ 갈릴리인이니 그리스도가 아니다(42)(다윗의 씨로 베들레헴에서 나온다고 했는데)

④ 서로 논쟁을 했다.(43)

⑤ 예수 그리스도를 죽이려고 하는 사람도 있었다.(44)

※ 예수 그리스도의 높은 인격과 그 하늘의 높은 거룩하신 말씀에 위압을 느꼈기 때문에(종교적 편견이 없는 자가 진리를 바로 깨달을 수 있다.)

5) 여기에 나타난 바리새인과 제사장은 어떤 사람인가?(45~52)

　① 하속들이 예수님을 잡아 오기를 기다리고 있었다.(45)

　② 하속들의 말을 전혀 듣지 않고 미혹되었다고 책망한다.(47)

　③ 당국자나 바리새인들이 예수 그리스도를 믿지 않은 것을 증거로 설득한다.(48)

　④ 율법을 모르는 자에게 저주한다.(49)

　⑤ 예수를 두둔한 니고데모에게 "갈릴리 사람"이라는 오명으로 비난한다.

　　(니고데모를 모를 일 없다.)(52~)

　⑥ 선지자 요나가 갈릴리 태생인데 "갈릴리에서는 선지자가 나지 못한다." 했다. 무식을 폭로한 것이다.(왕하 14:25)

6) 니고데모가 어떤 말로 바리새인에게 변호했는가?(51~)(신 1:16, 17, 17:18, 19:15)

　그 행위를 심사하기 전에는 정죄하지 못한다.

## 적용(Application)

1) 우리는 배에서 생수가 강처럼 흐르는가?(기쁨·평화·말씀)

　불만·불평·허무·갈등이 해소되었는가?

　성령의 지배를 받으면 매일 순간순간 풍성한 생활을 하게 되고 전도의 능력을 얻게 된다.

2) 성령 충만의 비결을 아는가?

3) 니고데모처럼 미움과 질시를 받으면서도 진리에 대해 변호할 수 있는가?

4) 교파나 교회의 편견이 있는가?

   진리를 바로 깨닫지 못하고 있지는 않는가?(45~46)

## 겟세마네기도(Praying)

> 주여!
> 우리에게 성령 충만 주심을 감사합니다.
> 자아의지 때문에 성령의 능력을 제한받지 않게 하옵소서. 전
> 도의 능력을 주시옵소서. 생수가 나에게 넘치게 하여 주위의
> 기갈한 형제들에게 나누어 주게 하옵소서.
>
>                                   -아멘-

제 8 장

# 18. 나도 너를 정죄하지 않겠다(8:1~11)

밤새 산에서 기도하고 내려오신 주님과 밤새 간음한 여인 하나를 잡아끌고 온 바리새인과 서기관들은 좋은 대조가 된다. 주님은 살리기 위해서 밤잠을 안 주무시고, 바리새인은 죽이기 위해서 밤잠을 안 자고 쓰레기통을 뒤져서 연약한 여인 하나를 끌고 예수님을 궁지에 몰아넣으려는 계교는 우리에게 주는 큰 교훈이기도 하다.

## 말씀의 묵상(Thinking)

1) 그들이 왜 여인을 주님께 끌고 왔는가?(3~6)

연약한 죄인을 미끼로 잡으려는 계책이었다.

주님께서 용서해주라 하면 모세의 율법을 어기는 자라고 할 것이고 율법대로 돌로 치라 하면 무자비한 자가 되고 또 로마법에도 총독의 허락이 나야 죽이게 되어 있었다.(18:31) 때문에 로마법에 걸리게 된다. 주님을 피치 못할 딜레마에 빠뜨리고자 했었다.

2) 주님께서 어떻게 이들을 물리치셨는가?(7, 8)

주님께서는 여자의 죄 이상 그들의 죄를 더 깊이 통감하셨다. 이 심정에서 한 마디 하신 말씀은 그들의 폐부와 양심을 찔렀을 것이다.(롬 3:10~18)

※ 예수님의 말씀은, 누구나 죄인인 사실과 남을 정죄할 수 없는 죄인인 것을 알게 하셨고 모세의 율법 앞에 떨고 있는 여인을 구원해주시고, 당당하게 죄 없다는 의인을 정죄하신 주님을 볼

수 있다.

3) 율법과 은혜의 다른 점은?

율법은 정죄하지만(훌륭한 도덕자)

은혜는 창녀를 살린다.(7:11)

은혜는 의인이라는 죄인을 죽이고 죄인이라는 죄인을 살린다.

4) "죄 없는 자가 먼저 돌로 쳐라!" 하신 주님의 말씀을 듣고 무리들은 어떻게 했는가?

예수님 말씀 앞에서 무리의 죄는 모두 밝혀지고 말 한 마디 할 수 없어 모두 양심의 가책을 받고 어른으로 시작하여 젊은이까지 하나씩 둘씩 모두 나가고 오직 예수님과 여자만 남았었다.

5) 서기관과 바리새인은 어떤 사람인가?

① 한밤을 새워 간음한 여인을 찾아 헤맸고 예수님을 죽일 모의를 한 자

② 하나님의 말씀으로 자기 죄는 보지 않고 남을 심판하려는 도구로 사용

③ 사람을 정죄하는 데만 열중하는 자칭 의인

④ 이들은 '어떻게 하면 이웃을 잘 살게 할까'가 아니라 '이웃을 죽일까'다.

⑤ 예수님 권위와 능력 앞에서 말 한 마디 못하고 도망친 자(9~)

6) 떨고 있는 여인에게 주님께서 무어라 하셨는가?(10~11)

※ 구원의 복음이다. "나도 너를 정죄하지 아니하노라." 참으로 죽을 죄인인 것을 깨닫고 주님 앞에 설 때 부드러운 주의 음

성을 들을 수 있다.(롬 8:1, 사 50:6~9)

다시는 죄를 짓지 않게 새사람으로 만든 것이다.

※ 주님이야말로 죄가 없기 때문에 돌을 들어 여인을 정죄할 수 있다. 그러나 주님께서는 그녀를 용서하시고 새사람으로 출발하게 하셨다.

## 적용(Application)

1) 나는 바리새인이 아니었는가?

① 복음으로 남을 살리려고 하지 않고 남을 정죄하고 남을 비판의 도구로 사용하지 않았는지?

② 내 약점을 보지 않고 남의 약점을 보고 돌을 들었던 자가 아니었는가?

③ 평생을 학교에서, 사회에서, 교회에서 배운 것을 가지고 고등수법으로 지능적으로 남을 모략하고, 헐뜯고 남을 궁지에 몰아넣는 사람이라면 무엇에 쓰겠는가?

남을 죽이려고 밤새 모의하는 사람들이 우리 민족성이 아닌가? 가슴을 치며 통회해야겠다.(의인이 살아남지 않는 민족성)

④ 나에게, "죄 없으면 돌로 치라."고 하셨다면 나는 어떻게 했을까?

- 돌을 들고 쳐 버리는 내가 아니었을까?
- 하나님의 말씀을 듣고 양심의 가책을 받아 통회했을까? (행 2:37~49)

※ 이 시간 회개하고 주님 앞에 설 때 나를 죽이려고 돌을 든 죄악들이(고질화된 늙은 죄, 기고만장한 젊은 죄들이) 하나씩 하나씩 물러가고 오직 구속한 주님과 나만 남게 된다.

※ "나도 너를 정죄 않겠다."

　"다시는 죄를 짓지 말라."

　부드러운 음성을 들려주실 것이다.

　　－찬송 204장－

⑤ 내가 의인이라고 생각하면 남을 정죄한다.


겟세마네기도(Praying)


주님!
구속의 은총을 감사합니다.
내가 바로 돌을 들고 남을 정죄하려던 바리새인이었습니다.
굳어있는 내 자아, 깨어지지 않는 내 자아를 깨어 주옵소서.
그리고 주님만을 모시게 하옵소서.
세상과 나는 없어지고 주님만 보게 하옵소서.
늘 주님을 닮아지게 하옵소서.

　　　　　　　　　　　　　　　　－아멘－


# 19. 생명의 빛을 따르라(8:12~30)


크리스천(Christian)은 세상에서 중요한 위치를 차지하고 있다. 종교적인 사람들은 세상을 도피함으로 세상을 이기려고 하지만 크리스천은 하나님께서 당신의 생명을 빛으로서 보내신 것이다.(8:12)

"너희는 빛이 되라!"가 아니라 현재 우리는 빛이라는 것이다.(마 5:14)

세상의 본성이 어떤 것인가를 비쳐 주도록 하는 빛의 근본인 것이다. 우리는 세상의 빛으로써 세상 사람이 얼마나 악한지를 보여주기 위해서 하나님의 빛을 말할 의무가 있다. 때문에 우리는 세상과는 조금도 일치할 수가 없지만 하늘과는 완전히 일치해야만 할 것이다.

## 말씀의 묵상(Thinking)

1) 예수님이 생명의 빛이기 때문에 우리가 예수를 믿으면 우리는 어떻게 되는가?(12~)
   어두움에 다니지 않고 생명의 빛을 얻는다.

2) 예수님의 증거가 참된 이유?(14~16)
   ① 내가 어디서 와서 어디로 가는지 알고 있기 때문에(14)
   ② 예수님은 홀로 판단하시는 것이 아니라, 아버지와 함께 하시기 때문에 공정하다.(16~)

   ※ 율법도 두 사람의 증인이 있으면 유효하다.

   ③ 예수님도 증거하고 아버지도 증거하시기 때문(18~)

3) 인간의 판단이 옳지 않은 이유는?
   ① 예수님이 어디서 오시며 어디로 가는지 알지 못하기 때문(14~)
   ② 육체를 따라 판단하기 때문(15~)

   ※ 영적 존재를 육적 생각으로 잘못 판단하기 때문

4) 나를 알았다면 아버지를 알았다는 말은?(19)
   영의 눈으로 예수 그리스도를 보면 나와 함께 계신 아버지를 보았을 것인데 나를 알지 못하기 때문에 아버지를 모른다. 하나님을 볼 수 있는 유일한 수단은 예수님을 보는 것이다.(1:18, 14:9~11)

5) 내가 가리니 너희가 나를 찾다가 너희 죄 가운데서 죽겠고 나의 곳에는 너희가 오지 못하리라는 것은 무슨 뜻인가?

무서운 하나님의 형벌을 예고하신다.

예수님이 가신 후에 그들은 자기들의 잘못을 깨닫고 예수를 찾아 헤매다가 찾지 못하고 말 것이다. 예수님이 가신 곳에는 믿지 않은 유대인은 영원히 오지 못한다.

6) 나의 출생지는 어디인가?(8:23~24)

너희의 출생지는 아래고 나의 출생지는 위다.

너희의 출생지는 이 세상이고 나의 출생지는 이 세상이 아니다.(23~)

당신은 선한 사람인가 악한 사람인가가 아니라 출생지가 어디이냐다. 육으로 난 것은 육이요 성령으로 난 것은 영이다.(요 3:6)

아담으로부터 받은 것을 그대로 가지고 있느냐, 아니면 예수 그리스도에게서 난 것이냐. 아담으로부터 받은 것은 하나님과 원수이고 하나님을 기쁘게 하지 못한다.(롬 8:7~8) 때문에 세상의 저주에서 완전히 빠져나오도록 우리를 부르신 것이다.

우리는 위로부터 난 자이고 하늘에 속한 자들이다. 중생한 백성으로 성령에 의해 새로 난 자들이다. 우리가 가지고 있는 생명은 하늘로부터 온 것인데 세상에는 없는 생명이다. 이 생명이 자기들과는 다르기 때문에 예수님을 죽이고 우리를 미워하게 된다.(요 17:14~15)

7) 28절의 의미는?

예수님이 십자가에 달리신 후의 일

예수님이 그리스도인 것을 알고 예수님께서 하신 말씀이 스스로 하신 것이 아니라 하나님께서 가르치신 대로 말씀하셨음을 알게 될 것이다.

8) 하나님께서 예수님과 왜 항상 함께 하시는가?(29)

예수님께서 그가 기뻐하시는 일을 하기 때문

## 적용(Application)

1) 세상이 우리를 보고, 스스로 악한 것을 알게 될 빛으로서의 역할을 다하고 있는가?

2) 내 판단이 항상 불완전한 것임을 알고 있는가?(14~15)

남을 함부로 판단하지 않도록

3) 나의 출생지가 어디인가? 세상? 하늘?

4) 우리가 죄 가운데서 헤어나려면?(24~)

(롬 3:28 갈 2:16)

## 겟세마네기도(Praying)

> 주여! 감사합니다.
> 세상의 빛으로서 역할을 다하게 하옵소서. 말씀의 영감을 주시고 진리를 깨닫게 하옵소서.
>
> -아멘-

# 20. 진리가 너희를 자유케 하리라(8:31~59)

## 말씀의 묵상(Thinking)

1) 진리가 너희를 자유케 하리라는 말은?

① 예수님께서는, 죄를 짓는 자마다 죄의 종이라고 했다.(34~)

　인간은 누구나 아담의 범죄로 인하여 죄에게 팔려 죄의 노예가 되었다. 죄의 종인 이상 아무리 죄를 짓지 않으려고 해도 죄를 범하게 된다.(롬 7:18, 19) 죄에게 끌려 다닌다.

- 불쾌감의 노예·미움의 노예·성공의 노예·돈의 노예· 애인의 노예·율법의 노예(무엇인가 노예가 되었기 때문에 자유가 없다)

※ 사탄은 하와에게 "제일"의 표준으로 유혹했다.

　하나님만큼 성공, 하나님만큼 높게, 하나님만큼 많이, ……이것 때문에 욕망의 노예, 사망의 노예 노릇을 하게 되었다.

② 유대인은 자기들이 노예가 아니라고 했다.

　나도 아브라함의 자손이니까, 주님을 통해서 해방되어야 할 죄인이다.

③ 아들이 너희를 자유케 하면 참으로 자유하리라.(36)

　예수 그리스도 자신이 하나님의 아들이시고 진리시다. 진리이신 주님께서 우리를 죄에서, 율법에서, 해방해주시고, 자유를 주시기 위해 이 세상에 오셨다. 그가 십자가에 죽음으로 같이 죽고 그 생명으로 다시 산다.

　아들의 생명을 받으면 자유롭게 된다.(롬 8:2)

2) 유대인이 죄의 노예인 것이 어디서 뚜렷이 나타났는가?(34, 37)

　하나님의 아들 예수 그리스도를 죽이려 하는 데서

3) 장차 노예는 어떻게 되는가?(35)

　결국은 영원한 멸망에 떨어지고 말 것.

4) 예수님께서 우리에게 어떻게 자유를 주셨는가?(롬 6:4~9, 7:5~6)
   예수 그리스도께서 십자가에 달려 죽으실 때 죄의 몸을 같이 죽
   이고, 이제 산 것은 그리스도의 새 생명으로 다시 산다.(갈 2:20)

5) 유대인이 마귀의 자녀였던 것을 증명하라.(38~47)
   그들은 아브라함을 아버지라고 하지만(39) 아브라함의 자손이면
   아브라함의 행동을 했을 것이다.
   아브라함은 하나님의 말씀을 믿고(창 12:4, 15:6) 하나님의 명령
   을 지키고(창 22:1~) 하나님의 사자를 받아들였다.(창 18:1)
   그런데 그들은,
   ① 하나님의 말씀이 그 속에 없었다.(37~)
   ② 예수님의 출처가 같다면 왜 하나님의 진리를 말한 예수님을
      죽이려고 했겠는가? 아브라함은 그렇지 않았다.(10~)
   ③ 마귀가 하는 일을 하고 있는데,(41)
      • 하나님의 아들을 사랑치 않고 핍박하고(42)
      • 말씀을 깨닫지 못하고(43, 47)
      • 악마의 욕심을 따라 행하고(44)
      • 처음부터 살인한 자(44)
        (악마의 특성은 살리는 것이 아니라 죽이려는 것.)
      • 거짓말쟁이로 진리가 없다.

   ※ 이런 조건으로 보아 저희는 사탄의 자식들이 분명하다. 우리
      는 어디에 속에 있는지 분명하게 발견하고 새사람이 되어야
      한다.

6) 유대인들은 예수님을 어떻게 알고 있는가?(48~59)
   ① 사마리아 사람, 귀신들린 사람(48)

② 아브라함도 선지자도 다 죽었는데 예수님은 죽지 않는다는 말을 듣고 "너는 나를 누구라 하느냐?"고 물었다.(53)

아브라함이나 선지자보다 못하게 생각

③ 아브라함이 나기 전부터 있었다는 말을 듣고 돌로 치려했다.


7) 예수님께서 자신을 어떻게 증거했는가?(31~59)

① 자유를 주신 분(32~, 35~)

② 아버지에게서 본 것을 말씀하신 분(38, 40)

③ 하나님으로부터 오신 분(42)

④ 진리를 말씀하신 분(46)

⑤ 아버지를 공경하신 분(49)

⑥ 자신의 영광을 구치 않는 분(50)

⑦ 예수님 말씀을 지키면 죽음을 보지 않는다고 하심.(51)

⑧ 아버지께서 영광을 아들에게 돌림.(54)

⑨ 하나님을 아시기 때문에 거짓말을 않함.(55)

⑩ 아브라함도 예수님의 때를 보고 기뻐했다고 함.(56)

⑪ 아브라함이 있기 전부터 계신 분(58)


※ 이렇게 증거하신 예수님을 돌로 치려 한 것이고 예수님은 때가 있기 때문에 피하신 것이다.


## 적용(Application)

1) 무엇에 노예가 되었는가?

구체적으로 생각해보라.

① "제일"의 노예(사랑, 인기, 성공) ② 물질 ③ 명예 ④ 학문 ⑤ 애인 ⑥ 율법(양심의 가책) ⑦ 열등감

2) 진리가 나를 자유케 했는가?

   마음에 매인 것이 없이 평안과 기쁨, 풍성한 생활을 하고 있는가?

3) 우리 주위의 마귀의 자녀들을 어떻게 하면 하나님의 자녀로 만들까?

4) 아브라함과 같은 믿음을 가지고 있는가?

   하나님의 말씀을 믿고 명령을 지키고 행동하고 있는가?

## 겟세마네기도(Praying)

주여!
우리들을 죄와 율법에 노예가 되어있음을 고백합니다.
우리들을 해방시켜 주옵소서. 우리들의 마음에 평안과 기쁨을
주옵시고 유대인처럼 마귀의 자녀들이 되지 않게 하옵소서.
그리고 마귀의 종 되어있는 세상의 많은 사람들을 하루속히
하나님의 자녀로 만들어 주옵소서.

－아멘－

# 제 9 장

# 21. 소경 되었던 이의 증거(9:1~41)

날 때부터 소경 된 사람이 예수님을 통해 고침을 받고 유대인의 심문에서 그가 누군지는 잘 모르지만, "한 가지 아는 것은 내가 소경으로 있다가 지금 보는 그것이니라."

우리에게 있어서도 주님을 만난 시절이 한 가지 것으로 AD와 BC가 분명해야겠다. 이 한 가지가 없는 사람은 아무것도 없는 사람이다. 이 한 가지가 있는 사람은 하늘의 것을 다 가진 사람이다. 이 과를 통해서 누구나 다, "예수님이 누군지는 잘 모르지만 한 가지 아는 사실은…… 있다가, 지금…… 그것이니라."는 간증을 가지고 있어야겠다.

## 말씀의 묵상(Thinking)

1) 소경은 어떤 사람인가?

　① 날 때부터 소경(1~)

　② 하나님의 영광을 위해서 소경된 자(3~)

　③ 예수님께서 고쳐주심(7~)

　④ 구걸하는 자(9~)

　⑤ 때를 알지 못했다.(12~)

　※ 영안이 어두운 사람은 자기를 고쳐주실 그리스도를 보지 못함.

　⑥ 예수님께서 하신 일을 사실 그대로 증거(11, 15~)

　⑦ 예수님을 선지자로 알고 있었다.(17~)

⑧ 그가 누군지 모르지만 한 가지 아는 사실은 내가 소경으로 있다가 다시 보게 된 그것이라고 증거(25~)

⑨ 늘 물어본 유대인들에게 당신들도 그 제자가 되려 하느냐고 반문한다.(27) 오히려 공세를 한다.

⑩ 자기 눈을 뜨게 한 예수를 몰라보는 유대인들이 이상하게 생각되었다.(30~)

※ 기독교는 체험의 종교다. 한 가지 체험은 천 가지 이론보다 힘이 있다.

   a. 하나님께로부터 온 분임을 확실히 믿었다.(33~)

     (니고데모와 다른 점 3:2)

   b. 출교를 당했다. 정통한 바리새인들도 입을 다물고 반박할 힘이 없었다. 그리고 출교시켰다.

   c. 예수 그리스도의 제자(28~)

2) 누구 죄 때문에 소경이 되었는가?(2~)

재난이나 질병이 이 세상에 들어온 것은 인류의 죄 때문이다. 그러나 반드시 죄라고만은 볼 수 없다. 본인은 반성해보아야 하지만 남을 죄 때문이라고 단정하는 것은 잘못이다.

3) 왜 말씀으로 고치지 않고 진흙을 발랐을까?(11~ )

저급한 신앙 상태를 시험하신 것이다.(신앙이 있는 사람은 말씀만으로 고침.)

4) 실로암이란 무슨 뜻인가?(7~)

보냄을 받았다는 뜻인데 하나님의 보내심을 받은 그리스도께서 고쳐주심을 표시한다. 우리가 영안을 뜨기 위해서 주님께 나아가야 한다.

5) 소경의 부모는 어떤 사람인가?(20~22)
출교되는 것이 두려워서 담대히 증거하지 못하고 교묘히 말을 돌려서 아들이 장성했으니 가서 물어보라고 한다.

6) 출교란? -사회에서 추방하는 것이다.
   ① 그는 공중 회석에 나갈 수 없다.
   ② 사람들 곁에 2m 이상 접근 못함.
   ③ 교제도, 거래도, 같이 먹지도 못함.
   ④ 그가 죽으면 그 시체에 돌질.
   ⑤ 그를 위해 울지 못한다.
   이런 무서운 형벌을 예수를 주라 고백하는 자에게 가하기로 선언했다.

   ※ 신앙이란 마음에서 우러나오는 것인데 위협적으로 줄 수도, 빼앗을 수도 없다.

7) 낮과 밤은 무엇을 뜻하는가?(4)
   8:12 9:5
   예수 그리스도가 세상의 빛이다. 예수 그리스도가 있을 동안 낮이고(성령이 계실 동안) 그가 떠나시면 밤이다.(환난시대)

8) 바리새인에게서 쫓겨난 소경을 예수님이 어떻게 하셨는가?(35~38)
   다시 찾아가 위로하시고 확신을 주었다.

   ※ 확신은 내게서 생기는 것이 아니고 주님께서 계시해주신다.

(롬 8:16 요 4:42)

9) 소경이 예수님을 만나고 난 뒤 신앙이 어떻게 변했는가?
   선지자에서 하나님의 아들로(17, 38)

10) 예수님이 세상에 오신 목적(39)

11) 바리새인은 어떤 사람인지 본장에서 살펴보라.
   ① 예수님을 잡으려고 단서를 찾느라 애를 쓴 자.
      이웃의 병을 고쳤으니 기뻐해야 할 것인데 안식일을 지키지
      않았다고 하나님으로부터 오지 않는 자라고 단정했다.

   ※ 교권자나 율법주의자의 태도다.
      이웃이 죽든 살든 간에 법을 지켰는지가 항상 문제이고 법
      을 지키지 않으면 이단이다.

   ② 예수님을 죄인이라고 생각(16:24)
   ③ 소경의 부모를 심문
      a. 그가 너의 아들이냐?
      b. 그가 소경으로 났는가?
      c. 지금 어떻게 되었는가?
   ④ 예수를 믿는 자는 출교하기로 결의

   ※ 교회가 비대해지면 이런 죄를 지을 가능성이 많다. 교권자들
      에게 불순종한다고 해서 무참히 치리 책벌할 수 있다.

   ⑤ 소경이 다시 와서 이 기적은 예수님이 하신 것이 아니라 하

나님이 하신 것으로 하나님께 영광을 돌리라고 이른다.
⑥ 그들이 오히려 수세에 몰린다.(27)
  그때 그들은 욕설을 퍼붓는다.(28)
⑦ 그들은 모세의 제자(29)


※ 하나님께서 모세에게 말씀하신 것만 알았지 예수님께 하신 말씀은 몰랐다.(히 1:1, 마 3:17, 12:28) 모세를 믿었으면 예수를 믿게 되었을 것이다.


⑧ 병신이라고 해서 죄인으로 단정
⑨ 진짜 소경은 바리새인(뜨고도 못 봄)


※ 예수 그리스도에 대한 믿음은 영적 소경인 것을 깨닫는 것으로부터 생긴다. 신자라 할지라도 자기가 소경인 것을 깨닫지 못하면 참 영의 눈이 열리지 않는다. 때문에 도덕가나 종교자 중에 그리스도를 모르는 소경이 많다.
※ 종교 교사들은 우리에게 이익을 주지 못하고 해를 준다. 왜냐하면 주님께서 우리에게 주신 말씀을 들려주지 못하고 한 개의 철학이나 교리를 만들어 버리려고 하기 때문.


## 적용(Application)

1) 주님께 대해 내가 아는 한 가지를 말하라.
  • 이 한 가지는 어디서나 누구에게나 이야기할 수 있는가?
  • 이것 때문에 어떠한 핍박과 순교까지도 각오하는가?
  • 부모와 같은 사람인가?
  • 소경과 나의 신앙을 비교하라(출교당할 수 있는가?)

2) 이웃이 당하는 재난을 죄 때문이라고 판단했던 일은 없는가?

3) 우리의 실로암 못은 어디?

4) 신앙을 위협적으로 주려고 한 사실이 없는가?

5) 얼마 남지 않은 낮 기간에 우리가 할 일은 무엇인가?

6) 내가 영적 소경인 것을 자각하는가?

※ 어떤 소경의 간증

내가 소경 된 것을 감사합니다.

왜냐하면 처음 눈이 열릴 때 주님을 볼 수 있는 처녀안을 가졌기 때문입니다.

## 겟세마네기도(Praying)

주여! 감사합니다.
소경인 저를 보게 하시니 감사합니다.
주님에 대해 한 가지 귀한 사실을 깨달아 알게 하심을 감사합니다.
주를 증거하다가 순교도 할 수 있게 하옵소서.
담대한 믿음을 주옵소서.
우리 민족을 실로암 되시는 주님께 인도하여주시고 영안을 밝게 하옵소서.
-아멘-

제 10 장

# 22. 양의 문으로 들어가는 사람(10:1~21)

(서론) 주님과 나와의 관계를 목자와 양으로 말씀하신 사실은 얼마나 아름답고 기쁜 일인지 모른다. 우리는 주님의 보호와 은총 아래서만 포근히 생명과 행복을 누리며 살 수 있다. 주님 밖에서는 맹수와 이리에 의해 생명을 잃고 가시밭길에서 허덕일 수밖에 없다. 강도나 삯군의 목자들(거짓 선지자, 교권주의자, 적그리스도)은 우리를 노략하고 착취하고 우리들의 생명을 자신들을 위해 빼앗아 가지만 주님은 선한 목자다. 우리 위해 생명을 주셨다.

① 목자와 어린양(1~6)
② 문 되신 예수(7~10)
③ 선한 목자 예수(11~18)
④ 그 비유의 결과(19~21)

## 말씀의 묵상(Thinking)

1) 목자와 양의 관계에 대한 일반적인 원리(1~6)
   ① 양 우리(Sheep fold)의 문으로 들어 다녀야 참 목자(2)
      다른 데로 넘어 다니는 자는 절도, 강도(1)
   ② 양들은 목자의 음성을 잘 알아차리고 뒤를 따른다.(3, 4)
   ③ 목자는 양들의 이름을 하나하나 부르며 개인관계를 가지고 있다.(4)
   ④ 양은 다른 사람들의 음성을 듣지 못하고 오히려 도망한다.(5)

2) "나는 양의 문"이란 무슨 의미인가?

구약의 양의 우리는 성지의 판도(언약의 땅)를 말하고 양이란 이
스라엘 백성(언약의 땅)을 말한다.(삼하 24:17). 신약에 있어서도
양의 우리란 교회를 말하고 양은 성도를 가리킨다. 그리스도(언약
의 땅에 언약의 백성을 위해 언약대로 오신 메시야)는 신구약을
통해 하나님의 "양의 우리" "합법적인 문"이다. 여기서 우리의 문
이라 하지 않고 양의 문이라 한 것은 양이 더 중요하기 때문이다.

3) "나보다 먼저 온 자"란 누구를 가리키는가?(8)

바리새인, 제사장, 유대인, 교권주의자들을 가리킨다. 이 사람들은
그리스도보다 먼저 와서 참 목자인 체하고 있었다.

4) 도둑과 강도는 양들을 어떻게 하는가? - 양을 자유로이 내놓지
않는다. 그러므로 양이 드나들며 꼴을 먹을 수 없고 우리 속에
갇힌다. 이는 율법주의, 형식주의, 교권주의 자들에게 성도의 속
박과 희생을 가리킨다.

5) "나로 말미암아 들어간다."는 말은?(9)

예수 그리스도를 믿고 예수 그리스도께 맡기는 자는 구원을 받고
의롭게 되고 그와 영적 교통으로 자유로이 들어가며 나오며 죄에
서 율법에서 해방되고 영의 양식을 풍성히 얻는다. 예수 그리스
도의 문에 의해서만 양은 참 생명을 얻는다.(요 8:32, 36)

6) 예수님이 오신 목적, 도적이 오는 목적

교권주의자들은 자기를 위해 양을 희생시키고 죽이고 멸망시킨
다. 그러나 그리스도는 스스로 양들을 위하여 희생하고(11) 생명
이신 그분은 우리에게 생명을 주시고 풍성히(행복하게) 살게 하

시기 위해 오셨다.

- 사람을 교파의 한 사람으로 교회 자체 교세확장 목적으로 가 두어 놓으려고 하는 사람은 절도요 강도다.
- 우리는 그리스도에게 인도하여야 한다. 그리스도를 만나게 해야지 사람을 만나게 해서는 안 된다.

7) 예수님과 율법의 차이는?

8) 삯군 목자들은 어떤 사람들인가?

자기 생활을 위해 양을 먹이는 자이다. 월급제도에 따르는 목자 의 폐단은 크다고 할 수 있다. 이리는 바리새인과 같다. 이들은 양 같은 성도를 핍박하고 진정으로 양을 사랑치 않는다는 이들과 싸울 수 없고 자기 안전만을 꾀한다.

9) 바울의 목자상?(고전 9:11~19, 살전 2:6~11.)

① 대접받을 권리가 있지만 받지 않고(탐심이 없이)

② 손수 일하면서(동역자의 생활비도 지급하면서)

③ 아비처럼 어미처럼

④ 남이 인정해서가 아니라 당연한 일이기 때문에, 안 하면 저주 를 받기 때문에

⑤ 복음뿐 아니라 자기 생명도 주기를 기뻐했다.

⑥ 거룩하고 옳고 흠이 없는 목자였다.

10) "우리 안에 들지 아니한 다른 양이 내게 있다."는 말은?(16~)

이스라엘의 양뿐 아니라 이방인의 양도 있다는 말이다. 예수님 은 세계만민을 위해 죽으셨다.

- 우리 밖의 양에 대해 무관심한 목자들이 많다. 교회 안보다 교회

밖에 택한 백성이 얼마나 많은가? 이 양에 대해 우리는 얼마나 관심을 갖고 있는가?

이 양에 대해 많은 인적자원과 예산을 투입해야 할 것이다.

11) 하나님께서 예수님을 사랑하신다는 말은?(17)

하나님의 명령을 따라 양을 위해 생명을 버리어 온 세상의 양을 한 무리로 만들었기 때문이다. 뿐만 아니라 그 무리를 고아로 만들지 않고 이를 다시 얻기 위해 부활하셨기 때문이다.

12) 예수님의 십자가는 하나님의 처벌인가? 스스로 우리를 위해 지신 것인가?

그는 사람이기 때문에 죽으셨고 하나님이기 때문에 다시 사셨다. 죽든지 살든지 간에 권세로 하신 것이다.

13) 유대인 중에 분쟁이 일어났는가?

귀신들려 미쳤다는 사람과 소경의 눈을 뜨게 했다는 사실로 하나님의 아들임을 믿는 자였다.

- 하나님의 말씀으로 인하여 항상 인류는 두 갈래로 나누어진다. 빛과 어두움, 생명과 죽음의 한계이다. 그 중간은 있을 수 없다. 믿든지 안 믿든지이다. 천국과 지옥으로 나누어진다.

## 적용(Application)

1) 목자이신 주님과 개인적이고 인격적인 관계로 교제하며 인도되고 있는가?

2) 예수 그리스도보다 먼저 온 자를 생각해보라.(8)

3) 우리는 바울과 같은 목자상을 소유했는가?

4) 양을 위해 희생하려고 하는가? 양이 나를 위해 희생되어 주기를 원하는가?

5) 참 꼴을 먹이고 있는가?

6) 교회를 만나게 하는가, 주님을 만나게 하는가? 홀로 나를 만나게 하고 있는가?

7) 나는 주님의 일을 하면서 보수를 바라고 있는가? 삯군이 되지 말라. 마땅히 해야 하기 때문이다. 신령한 것을 받았으니.

8) 선한 목자이신 예수님의 음성을 잘 알고 있는가?(14)
   삯군을 따르기 때문에 모른다.

9) 우리 밖의 양을 위해 얼마나 관심을 쏟고 있나?

## 겟세마네기도(Praying)

주여!
주님 안에서 생명을, 들어가며 나가며 꼴을 얻고 자유를 누리며 풍성한 삶을 주신 것을 감사합니다.
우리도 주님처럼, 바울처럼 선한 목자가 되게 하소서. 불행한 우리 밖의 양들이 죽어가고 있습니다.
주여! 구원하여주옵소서.

# 23. 하나님의 아들(10:22~42)

이 부분은 최후의 증언으로서 그의 메시아임을 말씀하고 있다.

① 양의 목자로(22~30)
② 하나님의 아들로(31~36)
③ 신앙을 권고하고(37~39)
④ 본 증언의 결과를(40~42) 기록하고 있다.

## 말씀의 묵상(Thinking)

1) 왜 유대인은 하나님을 믿지 않았는가?(25~26)
   예수님께서 이에 대해 말씀하셨고(8:56, 58) 몸소 행함으로 이를
   증거하였으나 믿지 않은 것은 그리스도의 양이 아니기 때문이다.
   만일 유대인이 그리스도의 양이었다면 그리스도의 음성을 듣고
   그의 하시는 일을 보고 믿었을 것이다.

2) 왜 유대인이 돌로 치려 했는가?(30~33)
   자칭 하나님이라고 했기 때문.(하나님을 모독한 죄)

   ※ 예수님이 하나님이 아니면서 하나님이라고 했다면?

3) 예수님께서 선한 일만을 하시고 하나님이라고 말하지 않았다면
   유대인은 예수님을 어떻게 했을까?(33)
   도덕 스승과 예수님과의 차이는?

- 악 없는 선을 무기로 하나님의 생명을 거부하게 한다.

4) 하나님의 말씀은 폐할 수 있는가?(35~)

5) 하나님의 아들이라는 증언이 참람치 않은 이유?(34~36)
하나님 말씀을 받는 사람도 신들(Gods)이라 불렀거늘(시 82:6) 하나님의 특별한 뜻으로 세상에 보내심 받은 그리스도가 하나님의 아들이라고 했다 해서 성서에 저촉될 수 없다.

6) 예루살렘 사람들과 베뢰아 사람들의 다른 점(42)
예루살렘에서 거부당한 주님께서 베뢰아에서는 많은 믿는 사람을 얻었다.

## 적용(Application)

① 선한 생활로 하나님께 갈 수 있는가?
선을 행하려고 하다가 생명이 손상을 입은 적이 없는가?
② 세상 모든 것이 변하고 폐하는데
천지가 변해도 변치 않는 하나님의 말씀 성서를 절대 믿고 있는가? 그렇다면 우리는 그대로 순종하고 있는가?

## 겟세마네기도(Praying)

주여, 감사합니다.
이 세상은 그리스도를 거부하여도
내게는 메시야로 고백할 수 있는 은총을
주셔서 감사드립니다.
－아멘－

제 11 장

# 24. 살아나야 합니다(11:1~53)

## 말씀의 묵상(Thinking)

밀알이 썩어지지만 그 속에 생명이 있기 때문에 새싹이 나온다. 마찬가지로 주님은 부활생명인데 그것을 알지 못한 원수들은 죽여서 장사했다. 그것으로 승리의 축배를 들었을 것이다. 그러나 생명이신 주님은 부활하셨던 것이다.

그 주님을 믿고 영접함으로 하나님의 아들이 된 우리는(요일 5:11 요 1:12) 생명으로 영원히 살고 죽지 않은 것이다. 이것의 예표로서 주님은 죽은 나사로를 살리셨고 우리들에게 심오한 진리를 가르쳐 준 것이다.

1) 베다니는 어떤 곳인가?

예루살렘에서 남쪽으로 약 2마일(5리) 지점, 마르다의 고향, 요단 강 건너편, 세례요한의 증거하던 곳(1:28), 문둥이 시몬의 고향(마 26:6), 이곳에서 예수님 승천(눅 24:50)

2) 그때 예수님은 어디 계셨는가?

요단강 건너편 베뢰아(요 10:40)

3) 나사로는 어떤 사람인가?(3)

① 마르다, 마리아의 동생

② 히브리어 "엘르아살"에서 온 말 "하나님은 나의 도우심"의 뜻

③ 나사로의 병은 죽을병이 아니라 하나님의 영광을 위한 병(4)

④ 죽은 나사로가(4일 된) 예수님을 만나 부활했다.

⑤ 문둥이 시몬의 집에서 예수님과 같이 영광을 받았다.

⑥ 유대인들에게 미움의 대상(12:2)

4) 마리아와 마르다의 신앙이 다른 점

| 마르다 | 마리아 |
|---|---|
| 1) 활동적(남성) | 1) 정서적(여성) |
| 2) 주님을 대접기 위해 분주 | 2) 집에 앉아 있다. |
| 3) 잔치 집에서도 밖의 일을 | 3) 향유를 주님께 붓고 주와 같이 |
| 4) 많은 일 | 4) 한 가지 좋은 일 |
| 5) 잎을 키우고 | 5) 뿌리를 키운다. |

5) 낮이 열두 시란 무슨 뜻?(9~10)

낮은 아침부터 저녁까지나 12시이니 아직도 해가 질려면 시간이 있다는 뜻

※ 주님께서 세상에 계실 시기가 아직 남아 있으니 아무리 죽이려고 해도 때가 돼야 함을 뜻

6) 사랑하는 자가 병들었는데 왜 이틀이나 유하였을까?(6)

하나님의 주시는 때를 기다리기 위해 영광을 나타내기 위해서다.

7) 도마는 어떤 사람인가?

① 디두모(헬라어), 도마(히브리어): 쌍둥이라는 뜻

② 도마의 질문으로 "내가 곧 길이요, 진리요, 생명이다"(요 14:6) 유명한 말을 했다.

③ 그는 회의로 자랐다.(20:24~)

④ 유대에 가 예수님과 같이 가서 죽자고 일사각오를 한다.

※ 예수님과 같이 가서 죽자고 한 것은(8~) 돌로 치려고 했는데 유대에 가신다고 하니 죽을 결심을 한 것이다.
※ 베드로가 나타날 법하는데?

8) 나사로가 무덤에 있는지 어떻게 나흘인가?(17)
베다니의 거리는 베뢰아까지 25마일(42km) 하룻길이다. 나사로는 사환이 떠난 후 곧 사망했을 것이다. 그때는 해지기 전에 매장했던 모양이다. 그러므로 사환이 돌아간 후 이틀간 머물고 하루 동안 걸어오셨으니 4일이다.

9) 마르다의 신앙은 어떤 신앙인가?(22)
예수님 자신이 부활생명인 것을 모르고 예수님을 단순한 지식으로만 알고 있었다.(22, 24) 생명의 구주로 믿지 못했다.
① 여기 계셨다면(21~)
② 예수 그리스도께서 구한 것을 하나님이 주실 줄 압니다.(22)
③ 마지막 날에 부활할 것을 아나이다.(24)
④ 신앙고백
⑤ 냄새가 나나이다.(예수님을 보지 않고 시체를 본다.)(39)
　　타산적 신앙

※ 아브라함의 신앙과 비교하라.

10) "나를 믿는 자는 죽어도 살겠고 살아서 믿는 자는 죽어도 산다."는 뜻은?(롬 8:10, 11)
주님을 믿는 자는 죽어도 살겠고, 영혼은 지금부터 영원히 산다.

11) 나는 부활이요 생명이란?

우리가 죽으면 주님께서 부활시키시고 생명을 주신다는 말씀이 아니고 예수님 자신이 부활이요 생명이란 말씀이다.(영원한 생명) 그를 영접하면 그리스도의 생명이 내 생명이 되기 때문에 영원히 살고, 육이 죽더라도 영원한 생명이 있기 때문에 다시 살아난다.

12) 왜 주님께서 눈물을 흘리셨을까?(35)

① 그리스도의 인정미를 보이고(4:7, 19:28, 4:6, 20:2)

(마 4:2, 눅 10:21, 막 3:5)

② 하나님으로서 인간의 죽음을 슬퍼하셨다.(인간적인 울음)

예루살렘을 향해(눅 19:41): 애국(국가)

겟세마네 동산에서: 종교적인 울음

13) 왜 예수님께서 통분하시고 민망히 여기셨는가?(33)

범죄한 인류를 지배하고 있는 사망의 권세 때문에

※ 모든 사람은 죽음의 문제만 생각하고 슬퍼하는 인간을 보신 주님은 통분했을 것이다. 사망의 권세를 깨뜨리고 인간의 울음을 멈추게 하신 주님을 발견치 못했을 때 슬퍼할 수밖에 없다.

14) 예수님의 기도는 어떤 기도였는가?

며칠 동안 나사로 부활에 대해 기도했을 것이다. 확신을 가지고 감사 기도를 드렸을 것이다.

15) 이 기적을 행하신 이유는?

① 무리를 믿게 하기 위해(42, 45)

② 하나님의 영광(4)

③ 부활생명인 것을 보여주기 위해(25)

④ 앞으로 우리들이 다시 살 것의 모형으로

16) 나사로 부활 기적의 조건을 말하라.

① 예수님을 모셔왔고

② 돌을 옮겨 놓았다.

 ※ 죄악의 돌을 옮겨 놓고 주님께서 내 깊은 중심을 보시도록
  적나라한 인간이 되어야 한다.

③ "나사로야 나오너라!" 주의 음성을 들었다.

 ※ 이 말씀은 운동력이 있어 생명골수를 찔러 쪼갠다. 시체에게
  이 말씀이 역사한다.

 ※ "나오너라."고 했다면 모두 죽은 자가 살아났을 것이다.(요
  5:24~25)

④ 풀어 놓아야 한다.

 ※ 죄와 율법에서 해방되어 자유롭게 그리스도 안에서 풍성한
  삶이 -

17) 바리새인들이 예수를 죽이려고 모의한 이유는?(47~53)

① 예수를 믿는 자가 많아져서 열광적으로 따라다니면 로마 정부에
 서도 내란의 위험성이 있다고 군대를 보내어 예루살렘을 강
 압할 것이다.

② 애국심처럼 보이나 자기들 지위를 잃을까 하는 초조한 마음
(그들의 관심은 백성에게가 아니라 성전과 그들의 권익)(행
6:11~15)

18) 가야바의 말은 무슨 뜻인가?(51~52)
주를 죽이는 데 사용된 말이었으나 그리스도의 속죄의 죽음을
드러낸 말이다. 하나님께서는 원수의 계획까지도 이용하여서 합
력하여 선을 이루신다.

## 적용(Application)

1) 나사로의 부활 사건과 나와 어떤 관계가 있는가?
나는 허물과 죄로 죽었던 자다. 말씀을 듣고 그리스도를 믿고 영
접함으로 하나님 자녀의 특권, 영원한 생명, 새로운 풍성한 삶을
갖게 되었다. 우리는 돌을 옮겨 놓는 일(믿는 일)만 하면 되고 나
머지는 주님께서 하신다.

2) 그때 종교회의와 오늘의 종교회의를 비교하라.(47~)
"이 사람이 많은 표적을 행하니 우리가 어떻게 하겠느냐?" 이것
이 의제였다. "어떻게 하면 민족을 복음화할 것이냐."가 아니다.

3) 죽어가는 내 민족을 위해 눈물을 흘린 적이 있는가?

4) 도마처럼 주님과 같이 일사의 각오가 되어있는가?

5) 큰 문제 앞에 놓여 있을 때 우리는 어디를 보았는가?
냄새나 시체인가? 주님의 능력인가?

6) 우리의 신앙은 "아는" 신앙인가, "믿는" 신앙인가?

7) 우리의 위치나 신분을 지키기 위해서 비진리도 진리로 옹호하지
   않았는가?

## 겟세마네기도(Praying)

> 나의 부활이고 생명이신 주님!
> 죽어서 냄새난 저를 살려주시고 하나님의 자녀가 되게 하신
> 것을 감사합니다. 세상과 나를 보지 않게 하시고 주님만 보게
> 하옵소서. 우리에게 큰 믿음을 주옵소서. 우리 민족을 부활시
> 켜 주옵소서. 38선의 장벽을 깨뜨려 주옵소서.
> —아멘—

# 제 12 장

# 25. 찬송하리로다!(12:1~19)

## 말씀의 묵상(Thinking)

어린 나귀를 타시고 입박하신 주님의 때를 앞두고 승리의 입성을 하시는데 무리들은 종려나무 가지를 꺾어 들고 호산나 찬송을 부르며 자비로우신 왕을 맞이한다. 마리아는 값비싼 향유를 주께 붓고 장사를 준비하기도 했다.

이것은 무엇을 의미하는가?

얼마 남지 않은 긴박한 이때 우리는 주님의 오실 날을 준비해야겠고 천사장의 소리와 하나님의 나팔로 친히 하늘로 좇아 나타날 때(살전 4:16~17) 공중에서 만왕의 왕 예수 그리스도를 영접하게 될 것이다.

1) 마리아와 가룟 유다를 대조해보라.

가룟 유다: 회계를 맡고 있던 유다는,

① 향유를 300데나리온에 팔아 가난한 자에게 주라고 했다.

② 예수님께 드린 것을 허비라고 했다.

③ 가난한 자를 생각한 것 같지만 사실은 돈궤를 훔쳐갈 도적이 었다.

④ 예수님의 가치를 몰랐다. 가난한 거지보다도, 300데나리온보다는 은 30량 가치보다 못하게 생각했기 때문에 예수님을 판 것이다.

마리아: 항상 예수님 발밑에서 말씀을 듣고 봉사하던 마리아는,

① 나드 향유 한 옥합을 발에 부었다.

② 영광스런 자기의 머리털로 발을 씻었다.

③ 무언중에 신앙과 존경, 겸손과 헌신을 나타냈다.

④ 이런 헌신과 존경은 예수님의 가치를 알았기 때문이다. 그는 예수 그리스도가 생명의 주인인 것을 분명히 알았기 때문에 자기의 생명을 드린 것이다.

※ 주님에 대한 참된 사랑이 없이는 참된 자선이 있을 수 없다. 자선, 사회사업도 주님을 모르고서는 사람에게 보이기 위한 것이 되고, 위선이고 주님께서 기뻐하시지 않는다.

2) 왜 나사로를 죽이려고 했는가?(10)

나사로 때문에 많은 유대인이 믿게 되기 때문이다.

※ 생명을 심어주는 사람은 세상이 미워하게 된다.

3) 주께서 나귀 타고 예루살렘 입성하신 것은 무슨 의미?

세상 끝 날에 평화의 왕으로 통치하실 일의 예표적 행동. 그리고 나의 마음의 왕좌에 좌정하실 왕으로서 찾아오셨다. 죄악과 죽음의 권세를 이기시고 하나님 주권의 승리이신 주님이 입성하신 것이다.

4) 종려나무: 존경과 희열을 표시하는 식물

(독립운동의 영웅 시므온이 예루살렘 입성할 때도)

5) 어린 나귀는 어디서 났을까?

(마 21:2, 막 11:2, 눅 19:30)

나귀는 평화와 겸손의 모습을 상징한다.(삿 10:4)

6) 시몬의 딸이란?(15)
예루살렘 시민의 애칭이다.

※ 이 세상 왕은 다른 나라를 정복하고 당당하게 입성할 때 모든
사람은 공포에 떤다. 그러나 주님은 친근한 마음이 일어나게
한다.(슥 9:9 예언이 실현)

7) 제자들은 처음에 이 일을 깨닫지 못하다가 그리스도께서 영광 받
으신 후에야 깨닫게 된 것은?(2:22, 7:39, 20:9) 14:26 – 성령께서
오셔서 가르쳐 주실 때 알게 되기 때문.

8) "너희 하는 일은 쓸데없다. 보라 온 세상이 저를 좇는도다." 무슨
말인가?(19)
바리새인은 절망적 자포자기다. 또한 좋은 예언이 되기도 한다.
역사를 통해 예수를 핍박하는 모든 수작은 다 쓸데없었다. 그들
이 말한 대로 온 세상이 그리스도를 따르게 된다.

## 적용(Application)

1) 가룟 유다처럼 자신을 간판으로 예수를 판 일은 없는가? 출세의
도구, 돈 버는 기구, 자기 과장

2) 마리아처럼 절대 헌신할 수 있게 예수님의 가치를 알고 있는가?

3) 나사로처럼 세상의 미움이 되어있는가?

4) 나귀 주인처럼 주님께서 쓰겠다면 무엇이나 드릴 수 있는가?

5) 주님 다시 재림했을 때 호산나 찬송으로 맞이할 준비가 되었는가?

## 겟세마네기도(Praying)

호산나! 찬송하리로다.
주여! 어서 오시옵소서.
영광과 찬송과 존귀를 홀로 받으시옵소서.
저는 종이옵고 티끌입니다.
주님! 나의 모든 것을 쓰시옵소서.

－아멘－

# 26. 한 알의 밀이 떨어져 죽지 아니하면?(20～25)

주님께서 이방인의 환영을 받기 전에 먼저 십자가를 지시고 사명을 다하지 않으면 안 된다. "인자의 영광을 얻을 때가 왔다." 하시면서 "한 알의 밀이 땅에 떨어져 죽지 아니하면"이라고 희생의 죽으심을 말씀하셨다. 그리고 "마음이 민망하다."(27) 또 하늘로부터 격려를 받았다(28).

## 말씀의 묵상(Thinking)

1) 한 알의 밀이 땅에 떨어져 죽지 아니하면 비유는 무슨 의미?(24)
   예수 그리스도의 죽음을 통해 만인에게 부활의 생명을 주실 것을 명백하게 말한다.

2) 자기 생명과 영생을 설명하라.(25)

자기 생명은 혼(soul)인데 자연적 생명 영생(Eternal Life)은 하나
님의 생명이다.

※ 희생, 자아포기, 죽음 등은 최고 생명의 조건이다. 이기심은
생명의 파괴다.

3) 우리가 주님을 섬기려면 어떻게 해야 하는가?(26)

그리스도께서 지고 가신 십자가의 길을 따라가지 않으면 안 된
다. 예수 그리스도를 섬기려면 주님께서 계신 곳에 있어야 하고
고난도 함께 받아야 한다. 그래야 예수 그리스도의 영광도 함께
받을 수 있다.

4) 예수 그리스도를 섬기는 자를 하나님께서는 어떻게 하시는가?(26)

하나님께서 저를 귀히 여기시고 ×의 영광과 똑같은 영광을 주
신다.

5) 왜 예수님의 마음이 민망하셨을까?(27)

죽음에 대한 고통의 마음과 사명에 순종하려는 마음 사이에 비상
한 괴로움이 있었을 것이다.

6) 예수님의 기도가 앞부분과 뒷부분이 다른 이유는?(26~27)

인간성(히 4:15)이 지배했으나 하나님 아버지의 뜻에 순종이 그를
지배했고 마음의 갈등이 가라앉았다.

7) 하늘에서 무슨 소리가 들렸는가?(28~29)

그 소리를 사람들은 어떻게 이해했는가?

하나님의 음성은 영적인 사람만이 들을 수 있다. 요한은 이 소리

를 알아들었다.

※ 하나님의 음성이 유대인과 희랍인이 있을 때 들린 것은 복음
  이 전세계에 파급됨을 의미

8) 이 소리가 난 것이 너희를 위한 것이란?(30)
  예수 그리스도에 대한 불신을 경계하여 믿음으로 돌아오게 하기
  위해 하나님께서 예수 그리스도로 인해 영광을 받으실 것을 가르
  친 것이다.

9) 31절의 의미?
  그리스도께서 십자가에 죽으심으로 악마의 지배하에 있던 세상에
  대해 심판이 행해진다. 그리고 죽음의 권세인 이 세상 임금인 악
  마는 쫓겨나게 된다.(계 20:10)

10) 32절
  주님께서 십자가에서 죽으시고 만민을 그리스도에게로 이끌어
  죄악 세상에서 구원하신다.

11) 무리가, "율법에 ×가 영원히 계신다. 함을 들었는데 왜 인자가
  들려야 하느냐?"는 질문에 예수님의 답변은?(35)
  왜 이런 답변을 하셨을까?
  ※ 그들이 해야 할 일은 신학론, 성서론 싸움이 아니라 일이 있
    는 동안 해야 할 일이 빛의 원핵인 예수를 믿는 일이기 때
    문이다. 빛의 아들이 되는 일이 더 시급했다.

12) 왜 표적을 행했으나 유대인들이 믿지 않았을까?(37)

말씀을 이루기 위해서(예정 가운데서)(38~41)

13) 왜 믿은 관원들이 드러내어 예수를 증거치 못했을까?(42)

① 출회할까 두려워서(42)

② 사람의 영광을 하나님의 영광보다 더 사랑했기 때문(43)

14) 예수님이 오신 것은 무엇 때문?(47)

세상을 심판하기 위해서가 아니라 세상을 구원키 위해

15) 예수님을 믿지 않는 자를 누가 심판하는가?(48)

예수님의 말씀이 마지막 날에 저를 심판한다.

※ 예수께서 하신 말씀 곧 복음 그 자체가 그들을 심판한다.

16) 그 말씀이 영생이란?(50)

하나님의 말씀은 생명이시다(1:4)

이 생명의 말씀은 그리스도를 그대로 전하신다.

그러므로 그리스도의 말씀은 생명이다.(6:63, 68, 8:51)

## 적용(Application)

1) 한 알의 썩어진 밀알이 되었는가?

자아가 죽지 않고서는 열매가 없다.

예수 그리스도의 생명이 나를 지배할 때만이 내외적 열매가 풍성히 맺혀진다. 열매는 내 소산이 아니라 그리스도(성령)의 소산이기 때문이다.

2) 관원들처럼 그리스도를 담대히 증거치 못한 이유는?

① 내 인격이 손상된다고 생각되기 때문

② 사람들이 나를 비웃을까 염려해서

③ 사람이 두려워서

　사람의 영광을 하나님의 영광보다 더욱 사랑하기 때문에

3) 그리스도의 향기로서 과업을 담당하고 있는가?

## 겟세마네기도(Praying)

> 주여!
> 택하셔서 주님의 자녀가 되게 하신 것을 감사합니다.
> 한 알의 밀알처럼 썩어지게 하소서.
> 내 체면이나 위치 때문에 부정적이고 소극적인 태도를 보이지
> 않게 하시고 하나님의 영광만을 위해 살게 하소서.
> 　　　　　　　　　　　　　　　　　　　　－아멘－

제 13 장

# 27. 서로 발을 씻기라!(13:1~20)

요한복음에 물에 대한 중요한 교훈이 3곳이 있다.

[첫째] 4:14, "내가 주는 물을 마시는 자는 영원히 목마르지 아니
하리라."

이것은 그리스도를 믿고 영접함으로 영원한 생명을 얻을
것의 "나" 자신에 대한 교훈이고,

[둘째] 7:38, "나를 믿는 자는 그 배에서 생수의 강이 흘러나오리라."

이것은 성령 충만하여 내 속에서 넘치는 말씀과 은혜로 모
든 영혼들에게 증거하여 기쁨을 줄 것의 "이웃"에 대한 교
훈이다.

[셋째] 본장의 교훈인데, 이것은 주님께서 때가 이미 온 것을 아시
고 마지막으로 실제 행동으로 보여주시지 않으면 안 되었
던 중요한 교훈이었던 것이다. 겉옷을 벗으시고 수건을 허
리에 동이시고 대야에 물을 담아, 제자들의 냄새나고 더러
운 발을 한 사람 한 사람 씻기기 시작했다. 사람은 서로의
사랑과 봉사로써 형제의 허물을 용서하고 위로하고 격려해
서 영력을 길러주는 영적 교제를 가져야 할 것을 가르쳐
주신 것이다. 우리가 세상에서 살다 보면 우리 심령들의 죄
아닌 발의 먼지들이 끼어서, 컬컬하고 답답한 심정으로 기
도도, 말씀을 볼 기력마저 상실하여 좌절에 빠질 때가 있
다. 이때 모여서 얘기만 나누어도 생기가 도는 것을 볼 수
있다.

영적 교제로써 영력이 회복된다.

이것은, 우리는 주님의 지체로서 다른 지체의 도움을 받지 않으면 존재할 수가 없기 때문이다.

"내가 한 것같이 너희도 서로 하라!"

모임의 중요성이 여기에 있고 주께서 발 씻는 의의가 여기에 있다.

- 내용은 다음과 같다.
  동기(1~3) - 의의(4~11) - 교훈(12~20)

## 말씀의 묵상(Thinking)

1) 왜 예수님께서 제자들의 발을 씻기셨는가?(1~3)

   ① 제자들을 지극히 사랑하셔서(1)

   ② 주님과의 관계를 맺기 위해(8)

   ③ 내가 행한 것같이 너희도 행하게 하기 위해서(13~15)

   ④ "누가 크냐."의 다툼을 시정키 위해

2) 발을 씻기신:(4~11)

   예수께서 발을 씻겨 주심으로 서로의 관계가 성립된다.(8)

   우리는 날마다 주께 나와 죄를 씻지 않으면 주님과 한 몸이 될 수 없다.

3) 그럼 서로의 발을 씻으란 말은 무슨 뜻인가?(14)

   서로 겸손히 봉사해 사랑으로 섬기라는 뜻이다.

   ※ 죄를 씻어 주라는 말은 아니고(죄 씻는 일은 주님께서) 우리는 다만 서로 교제하면 되는 것이다.(히 10:25)

4) 이미 목욕한 자는 발밖에 씻을 필요가 없다는 말은?(10)

우리는 이미 목욕했다. 생수이신 예수님께 가서 죄사함 받고 깨끗해지고 새사람 되었다.(고후 5:17)

이젠 발만 씻으면 되는데 그날그날 생활하는 가운데 먼지가 묻고 마음이 컬컬해진다. 이것은 영혼의 호흡운동으로 해결하고 영적 침체는 서로 발을 씻음으로(격려), 교제함으로 영력회복이 된다.

교제가 없으면, 이것은 몸에서 지체가 떨어져 나간 결과가 되므로 곧 말라져 버린다.(요 15:5)

교제로써 우리 신앙이 자라고 하나님께서는 주님의 온전한 몸을 (교회) 통해 당신의 뜻을 이 땅에 펴 나가신다.

5) "너희가 깨끗하나 다는 아니다."(10~11)

제자들은 모두 깨끗해졌는데 그중에 한 사람이 깨끗지 못한 자였다 가룟 유다가 아직 죄 문제를 해결 못하고 있었다.

6) "너희가 이것을 알고 행하면"에서 "이것"은 무엇(17)

주님께서는 우리와의 관계가 주종의 관계인데 종이 주인보다 크는 법이 없지 않느냐? 그런데도 주님으로서 너희 발을 씻은 것을 생각해서 너희도 서로 머리를 숙이고 봉사하라.

7) 이 말씀은 누구에게만 하신 말씀인가?(18)

택한 자들(가룟 유다는 제외 – 차라리 나지 않았으면 좋을 자)

8) 사도행전 사람들의 사랑의 교제는 어떠했는가?(행 2:44~47, 4:32~35)

9) "발꿈치를 들었다"는 말은?(18)

(시 41:9)

## 적용(Application)

1) 씻겨 주지도 씻음 받지도 않는 독단적인 사람은 아니었는지?

2) 남을 씻어 주려고만 하는 독선적인 사람이 아닌지?

3) 남에게 씻음 받으려고만 하는 이기적인 사람?

4) 가룟 유다처럼 이 말씀들이 나와는 아무 상관없다면 얼마나 슬픈 일인가?

5) 바울이 드로아에서 누구 때문에 복음을 전하지 않았는가?(고후 2:12, 13)
   디도처럼 모임에 등한시함으로 자신에게뿐만 아니라 전체에게 큰 손실을 가져온 일이 없는가?

6) 모임에서 유다처럼 분위기를 흐리는 불순분자는 아닌가? 모임에 참석하는 의도가 순전해야지 딴 목적이 있다면 분위기를 흐리고 성령의 지배를 받지 않고 교만한 사람이 있을 때도 분위기를 흐린다.

7) 모임의 중요성을 인식하고 있는가?
   육을 위해서는 평생을 바치면서 영원한 생명을 위해서는 하루의 얼마를 바치는가? 적어도 십일조는 되어야 하지 않을까?
   말씀과 기도의 경건한 시간을 중요시하라.

## 겟세마네기도(Praying)

> 주여!
> 저희들은 형제의 발을 씻기기는 고사하고 서로 시기하고 질투하고
> 미워했습니다. 용서하여주시고, 더 낮아지고 겸손하게 하옵소
> 서. 영적 교제를 통해 더욱 영력을 기르게 하옵소서.
> −아멘−

# 28. 주여! 어디로 가시나이까?(13:21∼38)

## Quovadis Dominie?

가룟 유다는 사랑하는 선생을 팔아넘길 결단을 하고 주님을 떠나 어두운 마귀의 세계를 향해 갔다.

그리고 순수하고도 적은 제자의 무리를 향해 주께서는 더 깊은 진리를 계시하셨다.

① 영광을 받으실 예고(31∼33)
② 사랑의 새 계명(34∼35)
③ 베드로 부인할 예고(36∼38)

등으로 내용을 분류할 수 있다.

## 말씀의 묵상(Thinking)

1) 왜 예수님이 민망히 여기셨는가?(23)

3년 동안이나 침식을 같이한 제자 중에 자기를 원수의 손에 넘길

자가 있었다.

2) 주님은 이 반역자를 어떻게 하셨는가?(26)
떡을 주시고 끝까지 사랑하시고 회개를 은근히 요구하셨다.

3) "예수님의 사랑하시는 자"가 누구인가?(23)

4) 왜 가룟 유다를 그대로 두셨는가?
주님은 눈물을 머금고 자유의지에 맡긴 것이다.(롬 1:28)

5) "네 하는 일을 속히 하라!"의 주님의 말씀을 제자들은 어떻게 이해했는가?(27~29)

6) 왜 가룟 유다는 예수를 팔았는가?
그리스도가 누구인지를 모르고 자기의 야심과 욕망에 지배받게 되어 사탄에게 정복을 당한 것이다.
• 그리스도에게 지배받지 않으면 악령에게 지배받기 마련이다.

7) 왜 베드로가 직접 묻지 않고 머릿짓으로 요한에게 물었는가?(24)
베드로가 여러 가지 실수를 했기 때문일 것이다.

8) 왜 인자가 영광을 얻었고 하나님도 인자를 인해 영광을 얻으셨는가?(31)
가룟 유다가 나감으로 주님께서는 십자가의 길이 결정되었다. 이 죽음이 육신의 눈으로는 굴욕의 죽음이지만 영안으로 보면 영광의 죽음이고 은혜와 진리가 충만한 것이다. 그리스도께서 영광을 받으심으로 하나님께서도 영광을 받으신 것이다.

9) 서로 사랑하라는 것이 왜 새 계명인가?(34)

(구약의 계명도 "네 이웃을 사랑하라."고 했다.)

희생하는 것이 사람의 특색인데 주님께서 친히 십자가를 지시고 생명을 버려 계명을 다 이루신 것이다. 때문에 사람이 새 계명인 것이다.(롬 13:8~10)

10) 우리가 예수님의 제자인 것을 알리려면 어떻게 해야 하는가?(35)(고전 13:1~3)

11) 우리가 새 계명을 이루려면?

성령의 첫 열매가 첫사랑(롬 8:4)

12) "지금은 따라올 수 없지만 후에는 따라오리라."는?(36)

베드로가 후에 순교의 죽음을 하여 그리스도를 따른다는 말(21:18)

13) 주를 위해 목숨을 버리겠다는 베드로는 결국 어떻게 되었는가?(37~38. 18:26~27)

## 적용(Application)

1) 예수를 팔 자가 주여 누구 오니이까?

가룟 유다가, "주여 내니이까?"(마 26:23)

내가 아닌 것같이 물어보지만 사탄에게 마음을 내줄 때 어느 때든지 배신할 가능성이 내게는 있다.

2) 주님을, 세상 것과 바꿀 수 없는 가치로 발견했는가?(마 13:44~45 - 자기 소유를 다 팔아 진주를 산다.)

3) 십계명을 범한 것과 새 계명을 범한 것은 어느 것이 죄가 큰가?
   그런데 새 계명을 범한 사실에 대해 가슴 아프게 회개했는가?

4) Quovadis Dominie?(36)
   주여 어디로 가시나이까?(내 대신 가신 주님을 향해)
   ● 로마 네로 황제의 박해로 베드로가 로마를 떠나 칸파니아를
     향해 아비안가드로 도망쳐가고 있을 때 십자가를 지고 가시는
     모습으로 나타난 주님께 Quovadis Dominie? 한 것이다.
     내가 할 일을 않고 회피할 때 주님은 그곳으로 말없이 가고
     계신다.
     내가 질 십자가를 다시 지시기 위해서다.

5) 주를 위해 목숨을 버리겠다는 우리는, 베드로처럼 예수를 부인하
   지 않았는가?
   ● 우리의 각오, 결단, 약속이 다 허사이고, 주님의 약속으로 잡아매
     주셔야 한다.
   ● 베드로도 자기가 약한 것을 알았을 때 주님께서 사용하셨다.
     (요 21:17 고후 12:9~10)

## 겟세마네기도(Praying)

거룩하신 주님!

새 계명을 어긴 이 죄인을 용서하시고, 주님의 그 높고 깊은 비밀을 깨닫게 하옵소서.

내 몫의 십자가를 회피하지 않고 주님이 가신 길을 즐겁게 나도 가게 하옵소서.

주님을 죽도록 따르고 싶습니다.

그러나 하루에도 몇 번씩이나 주님을 부인한 저희들이오니 저희들의 각오와 결심마저도 주께서 붙잡아 주옵소서.

저희들은 날마다 죽게 하시고 다만 주님만이 사시옵기 간절히 기도하옵나이다.

-아멘-

제 14 장

# 29. 길과 진리·생명(14:1~31)

제자들은 사랑하는 주님께서 세상을 떠난다는 말을 듣고 얼마나 서글펐는지 모른다. 주님께서는 이 제자들에게 위로하시며 하늘의 소망을 갖게 하셨다(1~4) 그리고 하늘나라는 예수 그리스도를 통해서만이 갈 수 있는 유일한 길이고 진리고 생명이었다(14:6). 주님께서 승천하신 후에는 영원토록 우리와 함께 계실 보혜사 성령을 보내주셔서 고아와 같이 버리지 않겠다고 약속하셨다(15~18). 그 성령께서는 우리에게 세상이 주는 것 같지 아니한 평안을 주시겠고 처소를 예비하시고 다시 와서 너희를 영접하겠다고 약속하셨다(27~28).

## 말씀의 묵상(Thinking)

1) 왜 근심 말라고 했는가?(1)

① 하나님을 믿고 예수 그리스도를 믿기 때문에(1)

② 하늘에 우리가 있을 곳이 많기 때문에(1)

③ 주님께서 우리가 있을 곳을 예비하러 갔기 때문에

④ 다시 우리를 영접하러 오기 때문에(3)

2) 도마의 질문은?(5)

주님이 가신 곳(하늘나라, 하나님 앞)의 길이 어디입니까?(4~5)

주님의 답변은?(14:6)

내가 곧 길이요 진리요 생명이다.

→ 이 말씀의 교훈은 ①길 - 나를 따르라

②진리 - 나를 배우라

### ③생명 - 나를 취하라

3) 빌립의 요구는?(8)

하나님을 우리에게 보여달라고

주님의 답변은?(9)

① 나를 본 자는 아버지를 보았다.(9)

② 내가 아버지 안에 있고 아버지가 내 안에 있다. 그래서 내 말은 아버지께서 하시고 내 일도 하나님께서 하신다.(10)

4) 예수 그리스도를 믿으면 어떻게 되는가?

① 예수님보다 더 큰일을 하게 된다.

예수님께서 하나님께로 가서 예수 그리스도의 이름으로 무엇이나 구한 것을 다 이루어 주기 때문이다.(13)

② 하나님께서는 그리스도를 통해 영광을 받으신다.

5) 주님께서 보내주신 보혜사는 어떤 분인가(16~19)?

① 예수님이 대신 우리에게 보내주신 분(16)

② 우리와 영원히 함께 계신 분

③ 진리의 영(17)

④ 세상을 보지도 알지도 못한 분(17)

⑤ 우리 안에 내주하시기 때문에 우리는 안다.

⑥ 우리를 살리셔서 살아계신 주님을 볼 수 있게 하신 분(19)

⑦ 보혜사를 통해서 아버지가 내 안에 내가 아버지 안에 내가 너희 안에 있는 것을 알게 하신다.(20)

⑧ 우리를 고아처럼 버리지 않으실 분(18)

⑨ 하나님께서 그리스도의 이름으로 보냄을 받은 성령(26)

⑩ 하나님의 말씀을 생각하게 하신 분(26)

⑪ 우리에게 세상에서 얻지 못한 평안을 주신 분

6) 가룟인 아닌 유다는 어떤 질문을?(22~24)
왜 우리에게 주님을 나타내 보이시고 세상에는 나타내지 않습니까? 이 질문은 아직도 유다는 그리스도가 메시아로서 세상에 나타나, 불신의 백성을 심판하실 줄 생각하고 있었던 말이다. 소수의 사람에게만 나타내지 말고 많은 사람에게 나타내 보이라는 것.

※ 가룟인 유다는 누구인가?
12제자 중 한 사람(마 10:3, 막 3:18)
다데오 이름으로 쓰였다.

7) 주님의 답변은 어떠했는가?(23~24)
유다의 질문에 직접 답하지 않으시고, 메시야의 나라는 그들의 생각하는 것과 같지 않은 것을 말씀하신다.
① 사람이 나를 사랑하면 내 말을 지킬 것이고 내 아버지께서 그를 사랑하신다.(23)
② 하나님과 나는 그들에게 와서 그와 함께 지내겠다.(23)(계 3:20)
③ 나를 사랑하지 않는 자는 말씀을 거역한 자인데 그런 자들과는 함께 거하지 않는다.
  • 세상에서 나타내지 않는 이유가 나를 사랑하지 않고 말씀을 거역하기 때문이다.
  • 하나님의 나라는 하나님과 그리스도가 인간에게 찾아오셔야 이루어진다.

8) 예수 그리스도가 아버지께로 간 것이 우리에게 왜 기쁨이 되는가?

① 아버지께 가서 우리가 구한 것을 다 이루어 주시고(12~13)

② 보혜사 성령을 보내시는데 이 성령은 편재하신 분이고(16:7)

③ 하나님께서는 그리스도보다 크시기 때문

- 예수님께서 자기보다 크신 아버지 품에 가서 지금까지의 종의 모습을 버리고 영광스러운 아들의 모습으로 다시 찾아와서 같이 거하게 될 것이다. 주님을 사랑하는 자에게 있어서 이 이상 더 기쁜 일이 없다.

9) 그리스도께서 미리 여러 가지 말씀하셨다. 왜 하셨는가?(29)

그리스도께서 예언하신 말씀대로 이루어질 때 우리로 믿게 하기 위해서다.

10) "이후에는 너희와 말을 많이 하지 아니하리라."

죽음이 임박해와서 제자들과의 말할 기회가 없어질 것을 가리킨다. "세상일꾼"과 예수님의 죽음은 어떤 관계가 있는가? -주님의 죽으심은 세상임금(사탄)의 권능 때문이 아니라 하나님 아버지에 대한 사랑과 복종 때문.

## 적용(Application)

1) 하나님을 믿고 예수를 믿으면서 염려하고 근심하는 것은?(눅 12:28, 31)

2) 예수님이 나의 길이요 진리요 생명이라고 생각하는가? 또 다른 길이 있는가?

3) 주의 이름으로 구한 것을 다 받았는가? 못 받았다면 왜 주시지 않았을까?

4) 성령 충만을 받았는가? 그럼 세상에서 얻지 못할 평안을 얻고 있는가?

5) 유다의 질문처럼 왜 많은 사람에게 나타나지 않으시고 우리에게만 나타나십니까 묻는다면 주님께서는 우리에게 무엇이라고 대답하실까?

많은 사람에게 나타나서 국가를 바로잡고, 사회 정의를 실현하는 그런 일이 아니라 한 사람 한 사람에게 찾아가셔서 변화시키는 일이 하나님의 나라를 건설하는 것이라고 대답하신다. 내가 세상에 나타나지 않는 이유가 나를 사랑하지 않고 내 말을 거역하기 때문이고 많은 Christian들은 그리스도의 일이나 세상에 관심이 많고 그리스도에게는 관심이 없다.

6) 예수님의 말씀인 성서를 많이 공부할 기회가 있는가?(30)

우리 앞에는 성서를 공부할 기회가 없어질는지도 모른다. 내 속에 말씀이 없으면 환난을 이길 수가 없다. 우리의 무기는 유일한 하나님의 말씀이 검인 것을 알라.

## 겟세마네기도(Praying)

> 길이요 진리요 생명이신 주여!
> 주님을 믿으면서도 염려하고 근심했습니다. 무엇을 먹을까, 입을까 염려하지 말게 하시고 평안을 갖게 하옵소서. 성령 충만을 주옵소서.
> 그 나라와 그 의만을 구하게 하옵소서.
> 더욱 말씀의 은혜를 주옵소서.
>
> -아멘-

제 15 장

# 30. 삶의 목적(15:1~27)

인생의 제일 목적은 하나님을 영화롭게 하고 그를 영원히 즐거워하는 것이다.(요리문답). 그리고 하나님을 영화롭게 하는 것은 열매를 맺는 것이다.(4)

모든 생물은 생육하고 번성하는 것이 존재 목적이다.(창 1:28)

인생의 목적도 생육하고 번성하며 땅에 충만하는 것이다. 만약 인간도 동식물처럼 내 육을 위하고 육적인 자녀만을 번식시키는 것이 목적이라면 돼지와 다를 것이 무엇인가?

인생은 영적인 동물이기 때문에 영적인 자녀를 생산해서 땅에 충만하고 번식하는 것이 삶의 목적인 것이다. 즉 영적 자녀를 생산하는 것이다.

## 말씀의 묵상(Thinking)

1) 하나님께서는 열매를 맺는 가지와 맺지 않는 가지를 어떻게 하실 것인가?(15:1~2), 맺지 않는 가지는 아예 제해버리고 맺는 가지는 더 과실을 맺게 하려 하여 깨끗케 하신다.

2) 깨끗케 하신다는 말은?
   절지 작업, 혹은 해충이나 불결한 것을 제거한다는 말이다.

3) 무엇으로 깨끗케 하시는가?(3) "내가 일러준 말"

4) 예수님 안에 거할 수 있는 자격은?(4) "깨끗한 자(3)"

5) 가지가 포도나무에 붙어있지 아니하면 어떻게 되는가?(4)

6) 우리도 주 안에 있지 아니하면?(5~6) 거하면?(5)

※ 열매를 많이 맺을 수 있는 비결은 주님 안에 안식하는 것이
다. 우리가 주 안에서 안식하기도 전에 무엇을 하려고 하면
아무것도 할 수 없고 무엇을 얻으려고 하면 잃는다.
왜냐하면 기독교는 "굉장히 해보자."는 종교가 아니고 "굉장히
해 놓은" 것으로부터 시작하기 때문이다. 주님께서 우리를 위
해 이루어 놓으신 그 굉장한 것 속에 들어가서 풍성한 삶을
주님과 함께 누리면 된다. 이제 우리가 사는 것은 우리가 사
는 것이 아니라 주님이 사는 삶이다. 그래서 우리의 열매는
주님의 소산이고 성령의 산물이다. 나는 감사와 찬송으로 영
광 돌릴 뿐이다.

7) 나의 구한 것을 이루려면?(7)-내가 주님 안에 있고 주님의 말씀
이 내 안에 있으면

8) 하나님을 영화롭게 하려면?(8)

9) 우리를 택한 목적이 무엇인가?(16)

10) 열매란 무엇인가?
내적 열매-갈 5:22, 23 외적 열매-전도 열매

11) 예수님의 기쁨을 우리가 충만히 받으려면?(11)
주님의 계명을 지킬 때 즉 서로 사랑하면(9~12)

12) 최고의 사랑은?(12)


13) 예수님의 친구는 어떤 사람인가?(14)
　　예수님의 명하시는 대로 행한 자.
　　※ 이 친구를 위해 예수님께서 목숨을 버렸다.


14) 우리는 주님의 친구인데 어떻게 친구가 됐나?
　　일방적으로 주님이 우리를 친구로 삼으셨다.(15, 6)


15) 우리가 구한 것을 하나님께서 다 주시는 이유?(16)
　　열매를 맺기 위해


16) 세상이 우리를 미워하는 이유는?(19)
　　① 세상에 속하지 않고 세상에서 주님의 택함을 입었기 때문에,
　　　즉 하늘에 속해있기 때문.
　　② 예수님도 핍박을 받았으니 우리도 받는다(18~20). 종이 주인
　　　보다 낫지 못하기 때문에. "나를 핍박하면 너희도 핍박하고
　　　내 말을 지키면 너희 말도 지킬 것이다."


17) 세상이 왜 우리를 핍박하는가?(21)
　　주님 보내신 하나님을 모르기 때문에


18) 내가 와서 저희에게 말하지 아니하였으면 죄가 없었으려니와 핑
　　계할 수 없다는 뜻은?(22)
　　복음을 보내주었는데 그들은 믿지 않고 그와 제자들을 박해했
　　다. 그 죄는 변명할 여지가 없다.

19) 또 "내가 아무도 하지 못한 일을 하지 아니하였으면 죄가 없었으려니와"는 무슨 뜻?

표적을 통해서 하나님인 것을 보여주었는데도 믿지 아니하였으니 이젠 핑계치 못한다. 그 표적으로 분명히 그리스도와 하나님을 그들이 보았는데, 그들은 미워했다.

20) 25절의 의미는?

시 69:4, 35:19 – 그리스도에 대한 이유 없는 증오감에 대한 예언

21) 그러나 그리스도를 증거할 분은?

보혜사 성령 26, 제자들 27

## 적용(Application)

1) 내 생의 좌표가 결정되었는가?

무엇을 위해 사는가? 공부는 왜 하고 돈은 왜 버는가? 바울처럼 복음만을 위해 살 수 있는가?

2) 좋은 열매 맺지 않는 "○○○" 씨 찍어 불에 던지리라. 주님의 음성을 듣고 있는가?

3) 나의 영광이요 기쁨이요 자랑의 면류관이 있는가?(살 2:19~20)

4) 포도나무인 주님에게 가지인 우리는 양분을 공급받고 있는가? 떨어져 나간 가지인가?

예수님 몸인 나무에서 떨어져 가지대로 굴러다닌다. 곧 말라져 버릴 것이다. 우리는 나무에 속해있어야 한다.

5) 예수님 안에 거하도록 깨끗해졌는가?

6) 우리 안에 기쁨이 없는 것은?(11)

7) 우리가 구한 것을 받지 못한 이유는(16)?
   열매 맺기 위해 구하지 않기 때문에

8) 세상이 우리를 미워하지 않는가?

## 겟세마네기도(Praying)

> 생육하고 번성하라. 땅에 충만하고
> 땅을 정복하라. 땅을 다스리라 하신 주여!
> 이 땅에 생명과 희망의 씨앗을
> 파종하여 삼천리금수강산에
> 세계를 살리는 옥토가 되게 하소서!
>
> -아멘-

# 제 16 장

# 31. 진리의 영(16:1~33)

15장 끝에서부터 16:4까지는 제자들에게 세상에 속하지 않았기 때문에 너희를 미혹하고 핍박할 것에 대해서 말씀했다.

15~33은 예수님이 죽으신 후에 나타날 성령의 역사와 예수님이 다시 오실 것에 대한 교훈이다.

그리스도의 죽음은 제자들에게 있어서도 큰 근심거리였으나 주님께서는 부활을 예고하시고(14:19) 그리고 고아처럼 버리지 않고 성령을 보내서 우리와 함께 계시고 인도하시고 가르치시고 위로하시고 도와주시고 대신 기도해주실 성령을 소개해준다. 내용을 분해해보면,

① 제자에 대한 세상의 박해(1~4)

② 성령이 오실 것(5~11)

③ 슬픔 후의 기쁨(16~24)

④ 환난 후의 승리(25~33)

## 말씀의 묵상(Thinking)

1) 세상이 우리를 어떻게 박해할 것인가?(1~4)

① 세상이 우리를 미워하고(15:19)

② 출회시키고(2)

③ 죽이면서도 하나님을 섬기는 일이라고 한다.

④ 왜 이런 일을 행하는가?(3)

하나님과 그리스도를 잘 모르기 때문이다.

※ 주님께서 이 말씀을 하신 것은 우리가 이런 일을 당할 때 흔

들리지(失足) 않게 하기 위해서다.

2) 제자들 마음에 근심이 가득한 이유?(5~6)

예수님께서 하나님께로 가는데 어디로 가느냐고 묻지 않았기 때문이다.(무지) 제자들이 먼저 알아서 의기를 잃지 말고 소망을 가지고 예수님 가시는 곳에 대해서 생각하고 영광을 바라보아야 했다.

3) 예수님이 세상을 떠나시는 것이 우리에게 유익이라고 했는데 왜?(17~)

보혜사 성령이 오시기 때문.

4) 성령이 하신 일은?(8~15)

① 죄에 대해(9)

예수를 믿지 않는 것이 죄다.(9, 15:22)

다른 것은 이의 결과다.

이것을 성령께서 오셔서 가르쳐 주신다.(행 2:37~39)

② 의에 대해(10)

세상은 의가 무엇인지 잘 모른다.

자기 의(롬 10:2) 율법 의(갈 2:16, 21) 도덕적 의는 참의가 아니다. 그리스도께서 십자가에 달려 죽으심으로 우리를 의로 삼으신 것이다(롬 10:2~7). 예수님이 우리 죄 때문에 죽고 부활하셔서 승천하심으로 우리가 의롭게 된 것이다(롬 4:25, 6:11). 그리고 그 자체가 의다(고전 1:30, 요일 2:1, 29, 3:7). 이런 것은 성령께서 알게 하신다.

③ 심판에 대해(11~, 12:31)

그리스도의 죽음은 사탄의 지배에 대한 하나님의 심판이다. 악마는 죽음의 권력을 가지고 인간의 죄 속에 도사리고 앉아 있다. 그러나 주님께서 인간의 죄를 위해 죽었다가 부활했다.

그리스도 안에 있는 사람은 마귀에 대해 죽고 하나님으로 말미암아 살았다.(롬 6:16) 이젠 악마의 지배권이 **빼앗긴** 것이다. 다시 말하면 사람은 심판을 받은 것이다(히 2:14, 15). 주님은 "이 세상을 이기었다."고 하신다. 성령께서 이것도 가르쳐 주신다.

④ 진리의 영이기 때문에 진리 가운데 인도하신다.(13~)

⑤ 예수님과 마찬가지로(12:49) 성령도 자기 말을 하지 않는다. 하나님으로부터 듣는 것(세상 끝, 내세, 그리스도의 속죄 부활, 재림, 이런 것은 인간의 지식으로 알 수 없다.)을 말씀하신다.(13~)

⑥ 예수님이 하나님을 영화롭게 함과 같이(14:13) 성령도 예수님을 영화롭게 하신다. 성령께서 스스로 예수의 영광을 나타낸 것이 아니다. 예수님에게서 받아가지고 전해주신다(14~15).

5) "조금 있으면 나를 보지 못하고 조금 있으면 나를 보리라."란 제자들의 의문에 예수님의 답변?

① 너희는 곡하고 애통했으나 세상은 기뻐한다.

② 그러나 너희 근심이 기쁨이 된다.(20~)

※ 곧 예수님은 죽고 이 세상 사람에게 기쁨이 된다. 그러나 조금 있으면 이 근심은 예수 그리스도의 부활로 인해 기쁨으로 바뀔 것이다.

③ 여자의 해산과 같이 고통 뒤에는 기쁨이 된 것과 같다.(21~)

④ 그 기쁨은 **빼앗아** 갈 자가 없다.(22)

※ 이 기쁨은 영원히 계속된다. 예수 그리스도는 승천하시어 하

나님 우편에 계시기 때문이다.

⑤ 그날에는 아버지께 구한 것마다 그리스도의 이름으로 주신
다.(23~24)

6) 때가 이르면 비유를 사용치 않고 하나님을 밝히신다는 말은?(25~)
성령 강림하시면 아버지와 아들에 대해 비유로 말씀 않더라도 성
령께서 있는 그대로를 보여주신다.

7) 우리는 하나님께 누구의 이름으로 기도하는가?(26~)
예수님이 우리를 위하여 하나님께 구한 것이 아니라 직접 그리스
도의 이름으로 기도한다.
※ 성령 강림 전에는 예수님께서 대신 간구해주셨다.

8) 하나님께서 왜 우리를 사랑하시는가?(27~)
우리가 그리스도를 사랑하고 하나님께로부터 온 자인 것을 믿음
으로

9) 29~을 설명하라.
제자들이 말하기를 "지금은 주님께서 조금도 비유를 쓰시지 않고
명백하게 말씀하셨습니다. 그러니 주님께 여쭐 필요도 없게 되었
습니다. 이제 우리는 주님께서 모든 것을 다 알고 계시다는 것을
깨달았습니다. 그래서 우리는 주님께서 하나님으로부터 오신 분
임을 믿습니다."

10) 평안은 예수 그리스도의 말씀을 믿고 그 안에서 그와 영적 사귐
을 지속하는 일 외에는 없다. 그리고 예수 그리스도를 우러러보

는 우리들은 어떤 고난 중에도 승리를 확신하고 예수님이 세상을 이긴 것처럼 예수 그리스도 안에 있으면 세상을 이긴다.

## 적용(Application)

1) 우리 마음에 근심이 가득한 이유는?
   예수 그리스도를 잘 모르기 때문

2) 성령 충만을 받았는가? 비결?

3) 우리는 어떤 상황 속에서도 기쁨이 있는가?

4) 세상을 이기신 주님을 우리는 믿는가?

5) 기도 응답을 받고 있는가?

6) 어떤 환란도 받을 각오가 되었는가?

## 겟세마네기도(Praying)

> 주여!
> 우리 죄를 용서하시고 성령 충만케 하옵소서.
> 우리에 주님을 밝히 보여주시고 소망 가운데 항상 기뻐하며 감사할 수 있게 하옵소서. 세상과 정욕을 이길 수 있는 능력을 주옵소서.
>
> ─아멘─

제 17 장

# 32. 대제사장의 기도(17:1~26)

1) 예수님의 기도에 대해서 다음 사람들은 어떻게 평했는가?

① Melanchthon: 하나님의 아들이 스스로 드린 이 기도보다 더 높고 아름다운 소리는 하늘에도 없고 땅에서도 드린 적이 없다.

② Calvin: 이 기도는 예수님의 설교에 권위를 주는 인장이다.

③ Luther: 그 올리는 소리는 단순하나 그 깊이와 넓이의 풍성한 것은 이를 측량할 수 없다.

④ Bengel: 이는 성서 전체 중 말씀은 가장 쉽고 뜻은 깊은 한 장이다.

※ 이 기도는 제사장의 기도라고 불린다. 대제사장이 지성소에 들어가 하나님의 이름을 부른 것처럼 영원한 대제사장이신 예수 그리스도께서 하나님과 인간 사이에 계셔서 모든 교회를 위해 기도하셨기 때문이다.

2) 성서에 나타난 예수님의 기도에 대해서 찾아보라.

① 주께서 가르친 기도(마6:9)

② 갈릴리를 떠나실 때 찬미의 기도(마11:25)

③ 나사로를 불러내실 때의 기도(요 11:41)

④ 겟세마네 동산에서의 기도(마 26:39)

⑤ 십자가상의 기도(눅 23:46, 마 27:46)

3) 주기도문과 대제사장의 기도를 대조해보라.

① 하늘에 계신 우리 아버지(17:1, 5, 11, 21, 24, 25)

② 이름이 거룩히 여김을 받으시며(17:6, 11, 12, 26)

③ 나라가 임하옵시며(17:1, 5)

④ 뜻이 하늘에서 이룬 것같이(17:4, 5)

⑤ 시험에 들지 말게 하옵시며(17:12)

⑥ 악에서 구하옵소서(17:15)

4) 이 기도의 내용

① 주 자신을 위하여(1~5)

② 제자들을 위하여(6~19)

③ 온 교회를 위하여(20~26)

## 말씀의 묵상(Thinking)

1) 주님 자신을 위해서 어떤 기도를 하셨는가?(1~5)

① 아들을 영화롭게 하사 아들로 아버지를 영화롭게 하옵소서.(1~)

② 예수를 믿는 자는 영생을 주기 위해 만민을 다스리는 권세를 주셨습니다.(2)

③ 영생은 하나님을 믿고 그리스도를 아는 자이니다.(3~)

④ 아버지께서 하라고 시킨 일을 하여 아버지를 영화롭게 하였나이다.(4~)

⑤ 창세전에 함께 가졌던 영화로서 지금도 아버지와 함께 영화롭게 하옵소서.(5~)

2) 제자들(성도를)을 위해서 어떤 기도를 드렸는가.(6~19)

① 아버지께서 세상에서 뽑아내어 내게 맡겨주신 그들에게 아버지를 분명히 알려주었고

② 이들은 아버지의 말씀을 잘 지켰나이다.

③ 이 사람들은 내 것이 모두 아버지께로 온 것임을 알고 있습니다.

④ 내 말을 듣고 내가 아버지께로부터 온 줄을 참으로 알고 아버지께서 나를 보낸 줄을 믿습니다.

※ 여기까지는 제자들로 인해 하나님께 감사하고 이제는 그들을 위해 비는 말이다.

⑤ 내가 세상 사람을 위해 빌지 않고 이 사람들은 아버지의 사람이기 때문에 이들을 위해 빕니다.

⑥ 이 사람들은 아버지 것이고 또 내 것인데 이들이 내 영광을 나타냈습니다.

※ 그리스도를 믿고 복음을 전하고 순교하여 그리스도의 영광을 나타냈다. 그러므로 기도합니다.

⑦ 나는 이제 세상을 떠나 아버지께로 가지만 이들은 험악한 세상에 있사오니 거룩하신 아버지! 아버지께서 이들을 지켜주옵소서! 그리고 아버지와 내가 하나인 것처럼 이들도 하나가 되게 하옵소서.

⑧ 이 사람들과 있을 때는 아버지의 이름으로 이 사람들을 지켰습니다. 단 가룟 유다 한 사람을 제외하고는 그들을 하나도 잃지 않았습니다. 하나를 잃은 것은 성경 말씀이 이루어지기 위한 것이었습니다.

⑨ 내가 아버지께로 가면서 이 기도를 드리는 것은 내 기쁨을 이 사람들이 마음껏 누리기 위한 것입니다.

⑩ 내가 세상에 속하지 않았기 때문에 이들도 세상에 속하지 않아서 세상은 이들을 미워합니다.

a. 내가 원하는 것은 이들을 세상에서 데려가라고 비는 것이 아니라 악에 빠지지 않게 보존해주시기를 빕니다.

b. 하나님의 말씀은 진리입니다. 저희를 진리로 거룩하게 하옵소서.(요 15:3~)

c. 아버지께서 나를 세상에 보낸 것같이 나도 저희를 세상에 보냈습니다.

d. 내가 이 사람들을 위하여 내 자신을 아버지께 바치는 것처럼 이 사람들도 참으로 아버지께 그들 자신을 바치게 하옵소서.

e. 내가 비옵는 것은 제자들만 위한 것이 아니라 그들을 통해 믿는 모든 성도들을 위해서 기도합니다.

f. 우리가 하나된 것같이 저들도 하나 되어 우리 안에 있게 하고 세상이 저들을 통해 그리스도를 믿게 하옵소서.

g. 내게 주신 영광을 내가 저희에게 주었는데 그것은 저들이 하나가 되기 위해서입니다.

h. 내가 저들 안에 있고 아버지께서 내 안에 계신 것은 저들을 완전히 하나가 되게 하려는 것입니다. 그리고 아버지께서 나를 보내신 것과 또 나를 사랑하심 같이 저희도 사랑하신 것을 알게 하려는 것입니다.

i. 아버지여 천지창조 이전부터 나를 사랑하셔서 내게 영광을 주셨습니다. 아버지께서 내게 맡기신 사람들도 내가 있는 곳에 함께 있으면서 내 영광을 볼 수 있게 하옵소서.

j. 의로우신 아버지여! 세상이 아버지를 모르지만 나는 알았습니다. 그리고 저들도 아버지께서 저를 보내신 줄 알았습니다.

k. 내가 아버지의 이름을 저희에게 알게 하였고 또 앞으로도 알게 하겠습니다. 이는 나를 사랑하신 사랑이 저희 안에 있고 나로 저희 안에 있게 하려 함입니다.

3) 온 교회를 위한 기도는 어떤 기도인가?(20~26)

대제사장의 기도는 전세계 온 교회를 위한 기도다.

① 그들이 하나가 되기 위함.(20~23)

② 미래의 영광에 참여 위함.(24~26)

## 적용(Application)

1) 그리스도 안에서 서로 하나가 되고 있는가?

종파라든가 단체를 위해서는 하나가 되지만 그리스도 안에서는 하나가 되지 못한다. 신자는 세계의 동서를 막론하고 그리스도 안에서 하나가 되어야 한다.(고전 3:3~4)

고린도 교회는 육신에 속한 자들이기 때문에 서로 분쟁했다.

2) 주님께서 기도하신 대로 우리는 거룩해졌는가?

주님께서는 누구를 위해 거룩하셨는가?

3) 우리는 어디에 속해있는가?(14, 16)

4) 얼마 남지 않은 주님의 때를 앞두고 이 기도의 내용으로 얼마나 우리를 사랑하신가를 충분히 알 수 있다.

## 겟세마네기도(Praying)

> 주여!
> 예수와 그리스토가 분쟁하는 한반도를
> 용서하여 주옵소서.
> 남·북이 하나가 되기를 소원하듯이, 한국 교회가
> 그리스도예수 안에서 하나가 되게 하소서!
>
> —아멘—

제 18 장

# 33. 검을 집에 꽂으라(18:1~40)

드디어 그리스도의 수난의 엄숙한 장면이 나온다. 주의 생애의 결정이며 인류 구속의 장엄한 사실은 복음의 기자들이 모두 특별히 취급하고 있다.

대제사장의 기도를 드리신 후 겟세마네 동산으로 가셨다. 당당히 자신을 나타내 보이시고 자진하여 체포되었다.

1~11 예수님의 잡히심

## 말씀의 묵상(Thinking)

1) 예수님께서 기도를 마치시고 어디로 가셨는가?(1~)

기드론 시내 저편, 겟세마네 동산(마 26:36)

2) 누가 예수를 잡으러 왔는가?(3~)

3) 예수께서 내로다 하실 때 왜 저희가 땅에 엎드려 졌는가?(6~)

예수님의 간단한 말씀 속에 놀라운 위력이 있었다. 하나님의 위엄 앞에 아무도 설 수 없음과 같이 그들은 예수님의 위엄 앞에 거꾸러진 것이다.

4) "예수님께서 내로서 하였으니 이 사람들이 가는 것을 용납하라." 는 무슨 뜻인가?(8~)

그들이 잡으려는 목적이 예수임을 확인한 후 예수님은 제자들의 신상을 걱정하여 그들을 보내도록 청했다. 이것은 17:12 -을 응하

게 하신 것이다.(9~)

5) 말고의 귀를 자르는 베드로의 특성을 말하라.(10~)
베드로의 과격한 성격을 여실히 보여주고 있다.
"내가 주를 위해 목숨을 버리겠나이다."(13:17) 한 맹세를 지킬 작정이었는지 모른다.

6) 과격한 베드로에게 주님께서 무어라 하셨는가?(11~)
① 검을 집에 꽂으라.
② 아버지께서 주신 잔을 내가 마시지 않겠느냐?
③ 검을 가지는 자는 검으로 망한다.(마 26:52)

7) 안나스는 누구인가?(12~14)
제사장인 가야바의 장인, 주후 7~14년간 대제사장의 지위에 있고 그 후 1년간 그의 아들 엘트아살이 그 지위에 있었고 약 1년간의 공간 이후 그의 사위 요셉 가야바가주후 18~36년간 대제사장으로 있었다. 가야바 이후에는 안나스의 남은 네 아들이 역시 대제사장으로 있었다. 그 마지막인 안나스가(아버지의 이름을 그대로 딴 것) 주님의 형제 야고보를 죽였던 것이다.
이같이 이 가족은 대세력을 가지고 그 탐욕을 채우고 하나님의 성전을 도적의 굴혈로 만들었다.

8) "다른 제자"가 누구인가?(15)
사도요한일 것이다.

※ 대제사장과 안면이 있는 다른 제자가 문 지키는 여자에게 말하고 베드로를 데리고 들어갔다. 이 기록이 여실한 것은 아마

그 다른 제자가 본서의 저자 요한인 증거가 될 뿐 아니라 요
한의 어머니 살로메는 성모 마리아와 자매간이고 그들은 제사
장 계통인 엘리사벳의 친족이었으니(눅 1:1~36) 요한이 대제
사장과 아는 사람일 것이다.

9) "주를 위하여 내 목숨을 버리겠나이다."(13:37) 맹세한 베드로가
   어떤 사람들에게 몇 번이나 부인했는가?
   ① 문 지키는 여자(유대 저택에는 문지기로서 여자를 두는 수가
   있다.)
   "너도 제자 중 한 사람이 아니냐?" 데리고 온 요한이 제자인
   줄 알기 때문에 너도 아니냐는 자연스러운 질문인데 거기에
   부인한 것이다.
   ② 불 쬐는 사람들: 베드로는 주님의 안부를 염려하는 마음과 자
   기의 안전을 보존하려는 마음이 엉키어 안정을 잃고 당황했다.
   ③ 말고의 일가: 그러므로 그는 베드로의 모습을 잘 기억하고 있
   었을 것이다. 그러나 이 질문도 악의로 한 것은 아니었을 것
   이다. 말고가 그때 죽었다면 그 일가는 베드로를 그냥 두지
   않았을 것이다.

   ※ 베드로의 신변 보호는 군색스런 변호의 덕분이 아니라 주님의
   원수를 사랑하는 태도였을 것이다.(베드로는 말고를 치고 말고
   의 일가는 베드로를 친다. 슬픈 보복이다.)
   사랑은 자기를 보호하는 유일의 무기다.

10) 하속 하나가 왜 예수님을 쳤는가?(22)
    범인인 경우 대제사장 앞에 나오면 두려워서 감히 고개도 못
    들었다. 이 하속은 대제사장의 체면을 세워주기 위해 하나님의

아들을 쳤다. 그 얼마나 큰 사실인가? 이런 모순은 세상에서뿐 아니라 교회 안에서도 흔히 볼 수 있는 모순이다. 이렇게 손으로 치고 주먹으로 치고(마 26:67) 채찍으로 치고(막 15:15) 갈대로 쳤다(막 15:19).

11) "더럽힘을 받지 아니하는 유월절 잔치를 먹고자 하여."란(28~)
유대인은 이방인의 집에 들어가면 더러워지고 하루를 지나고 옷을 빨아야만 깨끗해지는 것을 가리킨다. 가야바의 집은 이방인의 집이므로 들어가지 않겠다는 유대인들이다.
※ 중심에는 하나님의 아들을 죽이려는 살의로 가득하면서도 의식적으로 몸을 더럽힘을 받지 않으려 하는 그 종교 관념 한심스럽기 그지없다.

12) 빌라도는 어떤 사람인가?(29~)
유대와 사마리아를 다스리는 다섯째의 총독으로서 주후 26~30년간 재임하였다. 유능한 관리이면서도 로마의 법률을 준수, 유대인의 인기확보, 자기 양심의 가책 등을 감당하지 못하는 의지박약한 인물이다. 그런 성격 탓으로 교회사상 최대의 역적의 선고자가 되었다.
① 유대인이 집에 들어오지 않으므로 그가 유대인을 만나러 밖으로 나갔고(29~)
② 진리에 대하여 알지 못한 자였다.(38)
알려고 하지도 않았다.
③ 예수님에게서 죄를 찾지 못했다.(38, 19:6)
④ "예수를 채찍질하고 가시관을 씌우고 자색 옷을 입히고 유대인의 왕이여 평안할 지어다." 손바닥으로 쳤다.(19:3)
⑤ 예수를 놓으려고 힘썼으나 "무리들이 카이사르의 충신이 아

니라"는 말을 듣고(12~)

⑥ 십자가에 못 박게 내주었다.(16~)

13) 유대인은 왜 예수를 죽이지 못하고 빌라도에게 갔는가?(31~)

로마의 속국이 된 후(주후 20년경) 사형권이 박탈된 것이다.

매질하고 징계 처분은 할 수 있다. 이것은 로마인에게 십자가의

형을 받으실 것을 주님께서 예언했기 때문이다.(3:14, 12:32)

※ 십자가는 로마인이 가했던 극형이다.

14) 빌라도의 예수님에 대한 심문 내용?

(33~35, 37, 38)

15) 예수님의 답변은?

① 34~ ② 36~ ③ 37~

16) 유대인은 예수님과 바라바 중 어느 쪽을 택했나?

예수님-선한 목자 바라바-유명한 강도

만일 그들이 주의 양이었다면 과오를 범치 않았을 것이다.

## 적용(Application)

1) ① 검을 집에 꽂으라.

② 아버지께서 주신 잔을 내가 마시지 않겠는가?

③ 검을 가진 자는 검으로 망한다.

이상 베드로에게 하신 말씀을 나에게 적용해라.

1. 게으름 2. 도둑질 3. 혈기 4. 교만 5. 허영심 6. 태만 7. 낭

비 8. 정욕 9. 비난 10. 자랑 11. 위선 12. 돈 13. 독선

2) "다 버릴지라도 나는 주를 버리지 않겠습니다. 주를 위해 목숨을 버리겠습니다." 했던 베드로가 3번 부인한 것처럼 우리의 결단이 얼마나 약한 것을 아는가?

① 나는 절대로 남의 신세를 안 지는 사람

② 한번 마음먹은 것을 기어이 하는 사람

③ "남자답게⋯⋯"

④ 나는 거짓말을 절대로⋯⋯

⑤ 헤어지지 말자고 하늘을 두고 맹세해보라.

⑥ 일편단심 결단해보라.

⑦ 몸에다 지워지지 않도록 새겨두어 보라.

※ 세상은 다 변하되 변하지 않는 것은 하나뿐이다.

⑧ 우리는 지킬 능력이 없으니 주님께서 지켜주도록 맡겨야 한다. 우리는 연약하고 간사한 죄인임을 주님께 고백하라.

3) 우리는 사람의 체면을 세워주기 위해 주님을 친 사실은 없는가? (하속들처럼)

※ 교리를 옹호한 사람들은 진리를 무시하고 악을 행할 수가 많다.

4) 우리는 중심에는 남을 죽이려는 더러움으로 차 있으면서도 의식적으로는 경건한 체하는 위선적이고 종교 관념적인 사람은 아닌가?(회칠한 무덤)

5) 빌라도처럼 자기 위치 때문에(세상 출세, 사람들의 간청) 예수님을 십자가에 내놓지는 않았는가?

① 옳은 줄 알면서도 내 입장 때문에 부표를 던지는 일

② 성서적인 것이 아닌 줄 알면서도 내 명예 인기나 세상 출세를 위해 세상으로 나간 일은 없는가?

③ 예수님과 바꾸었던 세상 것을 생각해보라.

그는 자기 생애 최대의 옛 죄를 선고한 것이다.

6) 예수냐? 바라바냐?(세상사람, 정치, 사회, 경제, 교육, 문화) 누구를 선택할 것인가?

## 겟세마네기도(Praying)

> 주여!
> 삶의 순간마다 현실과 타협하며
> 그리스도를 부인할 때가 많았습니다.
> 십자가를 바라볼 때마다 나의 부끄러운
> 행색을 회개하게 하소서!
>
>         -아멘-

# 제 19 장

# 34. 다 이루었다(19:1~42)

이 땅 위에 오셔서 갖은 천대와 모욕을 당하시며 33년간 인간이 당한 슬픔과 고통을 겪으시고 목격하시고 우리의 죄악을 위해서 십자가를 지신 것이다. 그 십자가 위해서 우리가 당할 슬픔과 질고 죄악과 우리의 허물과 우리의 병까지 다 이루시고 운명하셨다.

이렇게 해서 30년간의 준비와 3년간의 공생애로 말씀이 육신이 된 예수님 사명을 다하시고 영광을 받으신 것이다.

## 말씀의 묵상(Thinking)

1) 예수님은 어떤 능욕을 당하셨는가?(1~3)

채찍질-죄수를 나무에 묶어놓고 가죽 채찍 끝에 납이나 예리한 못을 달아 친다.(사 53:5)

가시면류관-왕으로 가장하여 희롱하기 위함

금면류관 대신이고

자색 옷-왕복으로 입혔던 옷에는 피가 비쳤다.

※ 무서운 육적 고통이고 심적 모욕이었다.

얼굴에 침을 뱉고 갈대로 머리를 치며 손으로 때렸다 조소를 했다.

2) 빌라도는 왜 무죄한 분인 줄 알면서 채찍질을 했을까?(4~5)

주님을 때리고 초라해진 모습을 유대인에게 보이고 놓아주려 했

다. 빌라도는 유대인의 동정심을 일으킬 목적으로 이렇게 데리고
나와 "보라 이 사람이로다." 하였다.

※ 보라 이 사람이로다.
　이 초라한 사람(사 53:2, 3)
　믿는 자에게는 귀하신 속죄자 만민의 왕이신 것이다.(고전 1:18)
　안 믿는 자에게는 수치스러운 것이다.

3) 유대인들이 예수를 죽이자고 하는 것은 무슨 죄목인가?(7~)
　유대인은 처음에는 정치적인 죄목(눅 23:1~2)이었으나 이젠 종교
　적인 죄목으로 송사하였다. "하나님의 아들"이라는 죄목이었다.

※ 로마는 당시 종교 문제는 자유롭게 방치해두었다.

4) 빌라도가 더욱 두려워한 것은 무엇 때문인가?(8~)
　"예수님이 하나님의 아들이라 함이니라."
　유대인의 말을 듣고 간밤에 그 아내의 꿈 이야기(마 27:19) 등을
　종합하여 그를 두려워했다. 이 두려움은 군중의 고함소리 같은
　힘에 의한 것이 아니고 중심에서 일어나는 양심의 두려움이었다.

5) "너는 어디로서냐"의 빌라도의 질문은 어떤 질문인가?(3~)
　육적인 출처가 아니라 주님의 영적인 기원이 과연 하나님의 아들
　이냐의 뜻

6) 권세는 어디에서 준 것인가?(11~)
　땅 위의 모든 권세는 하나님이 주신 것이다.(롬 13:1~2)

7) 하나님이 주신 권세를 빌라도는 어떻게 남용했는가?(10)
   자기의 체면을 유지하려고 했고 하나님이 주권에 달려 있는 생명
   을 자기 권세로 마음대로 하는 것처럼 생각했다.

8) 재판석(반석, 괴다)에 가시관을 쓰시고 자색 옷을 입으시고 앉으
   신 모습과 장차 영화로운 모습으로 대조해보라.(13~)

9) 유월절 예비일이란?(14~)
   안식일에 대한 금요일
   부활절에의 예비일

10) 유대인들은 로마의 왕에 대해 어떠한 태도였는가?(15~)
    우리에게는 카이사르 외엔 왕이 없나이다.

    ※ 타락한 종교인들은 속으로는 로마의 지배에 반항하면서도 마음
      에 없는 아첨을 했다. 그리고 여호와 외에는 다른 왕이 있을 수
      없다는 사상을 배치하면서도 이렇게 한 것이다.(삼상 12:12)

11) 빌라도는 예수를 어떻게 판결했는가?(16~)
    ① 자기 양심에 없는 짓을 군중에게 환심을 사기 위해 하나님의 아
      들을 십자가형으로 판결
    ② 자기 직권에 대해 불충한 짓이다.
    ③ 수억만의 성도 입으로 사도 신경을 외울 때마다 "본디오 빌
      라도에게 고난을 받으사" 저주의 대상

12) 주님의 십자가의 명패에 무엇이라 썼는가?(19~22)
    "나사렛 예수 유대인의 왕"

**INRI**

Iesus Najarenus Rex Iudaeorum 머릿자

※ 주님의 죄목은 만고에 처음 보는 죄목이다.

그리고 로마어, 라틴어, 헬라어 세 개의 3대 언어로 쓰였다.(20~)

3가지의 위대한 민족을 나타내고 있다.

헬라 - 세계의 문화와 철학

로마 - 세계의 법과 정치

히브리 - 종교

13) 유대인 지도자는 죄패에 대해 무엇이라 했는가?(21~22)

거기에 대한, 빌라도의 답변은?

유대인의 왕은 메시야의 대명사다.

※ 대제사장들은 양심의 가책도 있고 굴욕감도 느꼈을 것이다.

빌라도는 "나의 쓸 것을 썼다."고 거절

※ 그도 대사에는 굴복하고 소사에는 고집을 부렸다.

14) 예수님의 옷은 어떻게 되었나?(23~24)

겉옷은 네 몫으로 나누고 속옷은 제비를 뽑는다.

이것은 시 22:18을 응한 것이다.

15) 예수님의 십자가상에서 3마디 말씀은?(25~30)

① "여자여 보소서 아들이니다"

보라, 네 어머니라.(26~27)

※ 아버지 뜻에 따라 가면서도 그 고통 속에서 어머니를 염려하

시며 사랑하는 제자에게 부탁하시는 그 효성을 우리는 본받

아야 하겠다.

② "내가 목마르다."(28~)

많은 출혈 때문에 육적 고통을 표시 시 69:21을 이루는 것이다.

③ "다 이루었다."(30~)

주님의 승리의 선언이었다.

지상의 모든 생애를 구약의 예언에 따라(하나님의 경륜) 다 마치셨고 이제 이 십자가상에서 인류의 구속의 대업을 이루셨던 것이다.


16) 신포도주는 무엇인가?

사형수에게 잠시의 고통을 덜어주기 위해서 주는 마취제였다. 그런데 막 15:23에서 주님은 고통을 감수하시면서 거부하셨다. 그러나 여기서는 가벼운 호의를 받으시고 운명하셨다.


※ 주님께서는 왜 신포도주를 거절하셨을까? 주님은 고통 이상의 즐거움과 평화가 있었다. 십자가상에서 고통으로 여기지 않으시고 원수를 위해 기도하셨다. 복음은 환경을 초월한다. 어떤 상황 속에서도 복음은 기쁘고 좋고 큰 소식이고 평화의 소식이다.

병석에서도 가난 속에서도 역경 속에서도 복음이다. 만약 불행 속에서 복음이 되지 못하면 복음이 아니다. 초대 교회 성도들은 사잣밥이 되고 십자가에서 기름가마솥에서 찬송을 부르고 기쁨으로 죽어갔다.

스데반은 원수를 위해 기도하면서 천사의 모습으로 죽어갔다.(행 7:60). 바울은 옥중에서 기뻐하고 즐거워했다.(빌 4:4~6)

복음은 우겨쌈을 당하여도 핍박을 받아도 답답한 일을 당해

거꾸러뜨림을 당해도 끄덕 않는 하나님의 능력이다.(고후 4:
7~9) 그런데 오늘날 성도들은 주님을 위해 당한 고통이나
세상에서의 역경을 못 이기고 신포도주를 달라고 아우성이
다. 이런 고통을 면하게 해달라고 기도한다.

사도행전 사람들은 그런 기도를 하지 않았다.(행 4:29~31)

17) 예수님의 架上七言을 순서적으로 말하라.

① 아버지여 저희를 사하여주옵소서 저희의 하는 것을 알지 못
함이니이다.(눅 23:34)

② 내가 진실로 네게 이르노니 오늘 네가 나와 함께 낙원에 있
으리라. (눅 23:43)

③ "여자여 보소서 아들이니이다."
"보라, 네 어머니라."(요 19:26, 27)

④ 엘리 엘리 라마 사박다니(마 24:46 시 22:1 막 15:34)

⑤ 내가 목마르다.(요 19:28)

⑥ 다 이루었다.(요 19:30)

⑦ 아버지여 내 영혼을 아버지 손에 부탁하나이다.(눅 23:46 시
31:5)

18) 왜 강도들의 발을 꺾었는가?

◎ 알아둘 점 ◎

형틀에 달린 죄수들의 발을 꺾는 이유 - 십자가에 달린 사람을
속히 죽게 하기 위해 쇠망치로 강타하여 뼈를 꺾었다. 그것으로
인한 충격은 죽음에 이르게 하는 최후의 일격이 된다고 한다.

왜 예수님의 발은 꺾지 않았는가?(31~33, 36)

성경을 응하려고(출 12:46과 민 9:12에 기록된 예언의 성취다.

유월절양의 뼈는 절대로 꺾지 않았다. 유월절 희생양은 예수님을 상징했다.)

예수님을 만난 강도는 어떻게 되었는가?

19) 옆구리를 왜 창으로 찔렀는가?(34~)

아담의 옆구리에서 하와를 창조하신 것과 어떤 관계가 있는가? 죽은 것을 확인하기 위해 창으로 찔렀는데 피와 물이 나왔다.

아담은 예수님의 모형이고 하와는 교회의 모형이다. 예수님의 물과 피는 교회와 생명의 모형이다. 교회와 생명은 반드시 예수 그리스도의 옆구리에서 나와야 한다. "육으로 난 것은 육이다."(요 3:6)

예수님에게서 나지 않은 어떤 것도 하나님과 원수고 하나님을 기쁘게 못한다.(롬 8:7~8)

아무리 선한 것이라 할지라도 예수님에게서 나오지 않은 것은 하나님과 원수다.

예) 나의 설교가 내 지식이나 웅변술로 한다면 생명이 되지 못한다. 내 안에 계시는 그리스도에게서 나와야 한다. 내 선이 원래 천성적인 선으로 남에게 베푼다면 하나님과 관계없는 일이다.

내주하는 그리스도에게서 나와야 한다.

무엇이든 십자가로 재생되어야 한다는 것이다.

20) 아리마데 요셉은 어떤 사람인가?(38)

① 공회의 회원(막 15:43)

② 부자(마 27:57)

③ 의로운 사람(눅 23:50)

④ 평소는 소극적이고 비겁하여 숨어서 믿은 사람(38)

⑤ 다른 제자가 도망하고 어려운 때에는 단호히 나와서 주의 시

체를 매장하기를 청구한 자(막 15:43, 요 19:38)

⑥ 자기 무덤에 예수님을 장사(마 27:59)

21) 예수님을 장사한 자들의 명단

① 아리마데 요셉(38)

② 니고데모:(39)

- 밤에 찾아와 "거듭나지 않으면"을 배운 사람
- 몰약과 침향 섞인 것은 값비싼 것으로(왕의 시체에 사용, 대하 16:14) 백 근이나 예수님 장사에 사용했다.

③ 막달라 마리아(마 27:61, 막 15:47 눅 23:55)

④ 글로바의 아내 마리아

22) 예수님이 십자가에서 운명하실 때 성소에는 어떤 일이 일어났는가? 눅 23:44 45 성소의 휘장이 갈라졌다.

※ 그것은 하나님과 우리와의 간격을 무너뜨리고 우리 마음에 성전을 만든 것이다.(고전 6:9) 그 휘장 위에는 그룹들과 여러 가지 모형이 수놓아있었다.

그것이 갈라진 것이다. 예수님의 육체가 죽음과 함께 우리의 육도 죽은 것을 의미한다. 그리고 내 몸을 성전으로 만든 것이다.

지성소에는 대제사장만 들어갔었는데 영원한 대제사장이 주님이 되시고 항상 계시므로 언제나 하나님을 면회할 수 있다.

## 적용(Application)

1) 예수님이 가시관을 쓰시고 유혈이 낭자한 그 처참한 모습을!

"이 사람을 보라." 세상 사람은 부끄럽고 혹은 저주하여 멸시하며 무관심할지라도 우리에게는 속죄자이시고 만왕의 왕이시다.
구원을 얻는 우리에게는 하나님의 능력이다.(고전 1:18)

2) 예수님께서는 십자가상에서 "다 이루었다."고 말씀하셨다. 나와의
   관계는?(사 53:4~9)
   ① 나의 질고를 지고
   ② 나의 슬픔을 담당하시고
   ③ 나의 허물을 지시고(찔림으로)
   ④ 우리의 죄악을 지시고(상하므로)
   ⑤ 나의 평화를 위해서(징계 받으므로)
   ⑥ 나의 병을 지시고(채찍에 맞으므로)(벧전 2:24 마 8:17)
   ※ 그러므로 우리는 믿음으로 하나님의 자원을 소유화할 수 있다.

3) 예수님의 죽음과 부활과 나와의 관계는?
   ① 죄에 대하여 죽고 롬 6:4 11
   ② 율법에 대해 죽고(롬 7:4)
   ③ 예수님의 부활은 우리로 하여금 예수 그리스도의 부활생명(하
      나님의 생명)으로 살게 하기 위해서다.

4) 예수님의 효성을 우리도 가지고 있는가?

5) 우리 주님께서는 우리를 위해 지신 십자가를 달게 받으셨는데 우
   리는 주님과 민족과 이웃을 위한 십자가를 지면서 신포도주를 달
   라고 아우성 안 했는지? 어떤 환경에서도 복음인가?

6) 아리마데 요셉이나 고데모처럼 평소에는 숨어있지만 어려운 일이
   있을 때 헌신할 자세가 되어있는가?

7) 두 강도들과 나와 다른 점이 있는가?

그러나 한 사람은 영벌, 한 사람은 영생

## 겟세마네기도(Praying)

주여!
강도와 같은 저희들을 위해서 십자가를 지시고
내가 할 일을 대신 하시고 우리를 구원하신 주님 감사합니다.
주님께서 이룩하신 모든 사실을 저희들이 내 것으로 만들 수
있는 믿음을 주옵소서.
우리도 내가 져야 할 십자가를 지게 하시고 어떤 상황 속에서
도 항상 감사하며 기뻐하게 하옵소서.
예수님의 이름으로 기도합니다.

-아멘-

제 20 장

# 35. 예수 부활하셨네(20:1~31)

예수님의 십자가 사건 후에 그의 제자들과 그를 따르던 무리들은 낙심과 공포에 사로잡혀 모두 헤어져버렸다.

이때 원수들은 승리를 자축했을 것이다.

그러나 3일 후 주님께서 다시 살아나셨고 무덤은 비어있었다. 그리고 막달라 마리아에게 나타나 보이시고 제자들에게 보이시고 도마에게 보이셨다. (고전 15:3~4)

주님의 십자가에 나를 포함시켜 다 이루시고 주님의 부활과 함께 나는 주님의 생명으로 살아가게 된 것이다. 이제 산 것은 내가 산 것이 아니요 주님이 내 안에 사신 것이다.(갈 2:20)

내용,

① 빈 무덤(1~10)

② 막달라 마리아에게(11~18)

③ 제자들에게(19~29)

④ 도마에게(24~29)

⑤ 본서의 결론(30~31)

## 말씀의 묵상(Thinking)

1) 막달라 마리아는 어떤 사람인가?

① 예수님께서 일곱 마귀에 눌렸을 때 구원해주었다. 눅 8:2

② 십자가에 섰던 사람(19:25)

③ 새벽에 예수님 무덤에 찾아온 사람(20:1)

※ 시체에 향료나 바르고 마음껏 울기나 하려고 왔을지 모른다.
예수님에게 깊은 애정을 가지고 있었다.

④ 비어있는 무덤을 베드로와 요한에게 고했다.

※ "시체"라고 하지 않고 "그"라고 함.

⑤ 자기가 시체를 가져간다고 했다.(15)
⑥ 다시 무덤에 찾아가서 예수님을 뵙다.(요 20:14~18)
⑦ 부활의 첫 증거자(18~)

2) 베드로와 요한의 성격 차이를 말하라.
베드로: 성질이 급하고 실수가 많고 행동이 빠르며 뒤가 물렀다.
요한: 관찰력이 있고 사랑의 사도

3) 두 제자도 예수님의 빈 무덤을 보고 부활을 알았는가?(9~)

4) 왜 마리아가 예수를 알아보지 못했을까?(14~)
① 부활하신 모양이 더 영광스럽게 보였을 것.
② 전연 이런 일을 상상치 못했을 것.
③ 눈물로써 눈이 충혈되어 있기 때문
④ 동산지기인 줄 알았다.(15)

5) 주님께서 마리아에게 무엇을 부탁했는가?(17~18)
내가 내 아버지 곧 너희 아버지 내 하나님 곧 너희 하나님께로
올라간다 하라고 부탁했다.

6) 어떻게 예수님이 하나님께 간 줄을 우리는 아는가?

7) 전에 친구(15:15)라고 부르던 제자들을 이젠 누구라고 부르시는
가?(17~)

8) "저희를 향하여 숨을 내쉬며 성령을 받으라."를 설명하라.(22~)
제자들을 부활의 증인으로서 내보내시면서(21~) 이들에게 힘을
주었다(창 2:7, 겔 37:9). 이것은 새 생명이고 성령이었다. 제자들
로 하여금 사명을 다하기 위해 오순절에 성령을 충만히 주신 것같
이 승천하시기 전의 예수 그리스도는 성령의 일부를 부어주셨다.

9) "너희가 뉘 죄든지 사하여 질 것이고 뉘 죄든지 그대로 두면 그대
로 있으리라"는 우리가 남의 죄를 용서할 수 있단 말인가? 23-(마
16:19)
① 베드로에게 사죄의 권을 주셨고(마 16:19)
② 제자들에게 사죄의 권을 주셨고(본절)
③ 일반 성도에게 사죄의 권을 주셨다.(마 18:18)
이 말씀과 성령받음을 관련시켜 생각해야 한다.
하나님 한 분밖에는 사죄의 권이 없다.(막 2:□ 시 32:5, 사
43:25) 그러나 예수는 하나님의 권을 행하셔서 사죄를(마 9:6)
정죄도(9:41, 15:22) 하였다. 그러므로 성령의 역사는 사람을
통해 이루어지므로 성령을 통해 사죄의 복음이 전해지고 이
복음을 믿을 때 사죄는 받는 것이다.

10) 도마는 예수님의 부활을 어떻게 믿었는가?
24~28 그리고 고백은?

11) 어떻게 믿는 것이 더 복이 있는가?(29~)

12) 왜 이 책을 기록했는가?(31~)

13) 예수님의 부활이 합리적인 것을 설명하라.
　　주님은 부활생명 자체이다.(요 11:25)
　　그 생명은 하나님께만 있는 영원한 생명이다.
　　그 생명이 죽을 수 없는 것이다. 밀알이 썩더라도 새싹이 나오
　　는 것과 같다.(고전 15:1~58)

## 적용(Application)

1) 마리아처럼 주님을 사랑하는 열정이 있는가?

2) 곁에 계신 주님을 바로 발견했는가?

3) 주님의 부활을 믿는가?
　　① 부활이 예언되었다.(눅 18:31~33)
　　② 부활은 그의 빈 무덤에 관한 가장 합리적인 설명이다.(마 27:6
　　　2~66)
　　③ 오직 부활만이 그리스도께서 제자들 앞에 나타나신 가장 합리
　　　적인 증거다.(고전 15:4~8)
　　④ 교회 창설의 합리적 설명(행 2:29~32)

4) 도마와 같이 보고야 믿으려 하지 않는가? 믿음의 정의를 말하라.
　　(히 11:1~)

## 5) 살아계신 주님을 믿는가?

# 겟세마네기도(Praying)

부활이고 생명이신 주님!
저희들은 살아계신 주님을 곁에 모시고도 다른 곳에서 주님을
찾고 있습니다. 저희들에게 계시하여주셔서 부활하신 주님을
뵙게 하여주옵소서.
죽었던 생명들을 살려주시고 이 민족을 부활시켜 주옵소서.
예수님 이름으로 기도합니다.

－아멘－

제 21 장

# 36. 내 양을 먹이라(21:1～25)

제자들은 그렇게도 믿고 사랑하던 주님을 잃고 부모 잃은 고아처럼 여가를 달래며 적적함을 풀기 위해 바닷가에 고기를 잡으러 가게 되었다.

밤이 새도록 수고했지만 한 마리도 잡지 못하고 피로와 실망에 빠져 있을 때 주님께서 찾아가셔서 희망과 광명을 안겨 주신다. 그물을 배 오른편에 던지게 하셔서 그물을 들 수 없도록 잡게 하셨다. 그리고 바닷가에 주님께서 마련하신 조반을 제자들과 같이 들면서 베드로에게 위임식을 하신 내용이다.

"네가 나를 이 사람들보다 더 사랑하느냐?

내 어린양을 먹이라 내 양을 치라 내 양을 먹이라." 3번이나 되풀이하심으로써 베드로가 앞서 3번이나 주님을 부인했던 것을 상기케 하여 그로 하여금 양심의 가책을 느끼고 더욱 열심히 봉사케 하려는 것이었다.

그리고 베드로가 장차 십자가에 순교할 것을 예고하시고 요한은 장수할 것을 말씀하신 내용이다.

## 말씀의 묵상(Thinking)

1) 베드로와 같이 고기 잡으러 간 제자들은 누군가?(1～) 다른 제자 두 사람은? 안드레와 빌립 혹은 12제자 외 2인

2) 제자들이 어떤 상황에 있을 때 주님께서 나타나셨는가?(4～)
   날이 새어 갈 때……

고기 한 마리도 못 잡고 실의에 차 있을 때

※ 성공하지 못하고 절망과 피로에 지쳐 있을 때 위로하고 축복
하기 위해 나타나신다. 그리고 희망을 주시고 기쁨을 주시는
주님이시다.

3) 이런 제자들에게 주님께서 무엇이라고 하는가?(5~6)

4) 예수님 말씀에 순종한 제자들은 얼마나 큰 소득을 얻었는가?(6~)

※ 3년 전 처음으로 주님을 따르던 때 주님의 말씀을 따라 그물
을 던진 결과 많은 고기를 잡았던 때의 일을 생각나게 하고
처음 사랑으로 돌아가게 하시려고 한 것이다.(눅 5:1~10)
※ 주님의 명령 따라 일하는 자는 주님이 예비하신 것과 자기의
열매로 먹게 되는 것이다.
※ 영적 고기잡이도 주님의 말씀에 순종함이 수확을 많이 얻는
비결이다.

5) 누가 주님을 먼저 발견했는가?(7~)
베드로는 그 말을 듣고 어떻게 했는가?

※ 주님과 깊은 사랑의 관계있는 자는 곧 주님을 발견한다.

6) 주님께선 제자들을 어떻게 대접했는가?(9~13)

※ 주님께서 그들을 먹이시고 즐거운 교통 중에 그들의 마음을
예비케 하신 후 그들의 사랑을 요구하시고 그들에게 사명을

주셨다.

7) "지금 잡은 생선을 좀 가져오라." 우리에게 주는 교훈은?(10~)
주님께서 잡게 하신 것(주님의 것)을 주님 앞에 좀(11조) 가져오
라는 것이다.

8) 바다에서의 배 안의 제자들과 주님이 계신 언덕과의 차이는?

※ 세상에서의 노력으로 행복을 찾으려고 하다가 실패하고 실의
에 차 있는 세상과 주님께서 우리에게 생명을 주고 풍성한 삶
을 주시기 위해 이 땅에 오셔서 수고하고 무거운 짐 진 자를
부르시는 주님 안에서 누리는 천국과의 대조다.

2:9 고기는 몇 마리인가?(11~)
153마리
"요나의 아들 시몬"의 히브리 문자
Simon-118
IoNa-35
153은 시몬 베드로를 의미한다.

10) 예수님이 부활 후 나타나신 것이 몇 번째인가?(14~)
① 20:19 ② 20:26 ③ 21:14
이때의 3번째는 제자들에게 나타난 경우 모두 합하면 7번이다.
① 막달라 마리아에게(20:15)
② 다른 부인들(마 28:9)
③ 엠마오 도상의 두 제자에게(눅 24:13)
⑤ 열 제자에게(20:19)

⑥ 열한 제자에게(20:26 도마를 합하여)

⑦ 일곱 제자에게(21:2)


11) 예수님은 베드로에게 어떤 질문을 하셨는가?(15~17)

① 이 사람들보다 더 나를 사랑(아가페)하느냐?(15~)

② 네가 나를 사랑(아가페)하느냐?(16~)

③ 네가 나를 사랑(필레오)하느냐?(17~)


※ 다 버릴지라도…… 베드로의 독선적인 태도를 경계하시며 "이 사람들보다 더"라고 하신다.


12) 왜 3번이나 똑같은 질문을 하셨을까?

베드로가 3번까지도 주님을 모른다고 한 것을 상기케 하여 그의 마음을 걱정스럽게 했다. 주님은 그의 실수를 꾸중하시지는 않았지만 은근히 전날의 실패를 가슴 아프게 하여 앞으로 더욱 열심히 일하게 하려고 한 것이다.


13) 베드로의 답변은 무엇인가?

① 주여! 이 사람들보다 더 사랑(필레오)하는 줄 주께서 아시나이다.

"You know I am your Friend"(Living Bible)

② 내가 주를 사랑하는 줄 주께서 아시나이다.

③ 베드로가 근심하여 가로되 주여 모든 것을 아시오며 내가 주를 사랑하는 줄을 주께서 아시나이다.

"Lord, you know my heart, you know I am"


14) 왜 근심하며 답변했을까?(17~)

물음이 3번 반복함으로 그 마음이 그전에 3번 주님을 모른다고 한 사실을 가슴 아프게 생각하고 근심하며 슬퍼했을 것이다.

※ 여기에서 새삼스럽게 자기를 발견하게 된 것이다.

"다 버린다고 할지라도 자기만은 절대로……."

자기의 능력은 어떤 사람보다 강한 줄 알고 자기의 힘으로 주님을 따르고 사랑하려고 했던 것이다.

그러나 여기서 자기의 무능과 약함을 알고 자기가 죄인인 것을 인정하고 근심하며 슬퍼한 것이다. 베드로는 이때 죽고 겸허해진다.

주님께서는 반드시 자기를 포기하고 죽고 겸허해진 죽음을 체험한 사람을 사용하신다. 모세도 바울도 그런 사람이다. 자아가 죽어졌을 때 비로소 하나님의 능력이 나타나고 주님께서 일하시기 때문이다.

우리는 주님이 우리를 사랑하는 그 아가페의 사랑을 할 수가 없다. 우리가 죽고 절망하므로 주님께서 우리를 통해 하시는 것이다. 믿음으로만이 아가페의 사랑을 할 수 있다.

15) 베드로에게 주님께서 어떤 일을 맡기셨는가?
   ① 내 양을 먹이라.
   ② 내 양을 치라.
   ③ 내 양을 먹이라.

※ 주님께서 베드로에게 사랑을 다짐하신 후 주의 양을 위탁하셨다. 주의 양을 먹일 자격은 주님을 사랑하는 자다.

16) 주님을 믿는 것과 주님을 사랑하는 것은 어떻게 다른가?
   신앙은 자신의 구원 조건이고 사랑은 주님의 일을 맡을 조건이다.

17) 먹이는 것(Then Feed my lambs)과 치는 것(Then take care of my sheep)은 어떻게 다른가?
　① 먹이다 - 설교(말씀을 먹이고)
　② 치는 것 - 돌보는 것(키우는 것. 목회)

18) 젊어서는 스스로 띠 띠고 원하는 것으로 다녔거니와 늙어서는 네 팔을 벌리리니 남이 네게 띠 띠우고 원치 않은 곳으로 데려가리라.(18~19)
　무슨 뜻인가?
　젊을 때 베드로는 초대 교회 설립에 맹활동을 하지만 늙으면 끌려가서 순교한 사실을 보이고 있다.
　그는 64년 7월에 네로 황제 박해시 로마에서 거꾸로 못 박혀 죽었다.

19) 주여!
　이 사람은 어떻게 되겠삽나이까?(21~)
　베드로가 무슨 뜻으로 물었는가?
　이 두 사람의 깊은 우정에서 요한의 앞날을 염려한 나머지 한 선심이다.
　그러나 주님께서는 요한의 장래사는 베드로 네가 관계할 바가 아니고 베드로는 베드로 길 요한은 요한의 길이 따로 있다는 것이다.

　※ 그러나 남의 일에 관심이 많은 자는 자기 일에 태만하다.

20) 요한복음은 누가 기록했는가?(24~)
　여기서 "우리"는 누구인가?

※ 지금까지 자기를 숨겨온 저자가 마지막에 독자와 사귀는 심
정을 "우리"라고 했을 것이다.

21) 예수님이 하신 일이 성서에 기록한 이외 얼마나 더 있을까?(25~)

## 적용(Application)

1) 주님을 따르다가 세상 것을 구하러 세상 밖으로 나간 일은 없는가?
사탄은 우리에게 늘 속삭일 것이다.
"인간이 할 일은 인간이 해야 하고 세상에서 최대한 향락을 즐기
다가 죽으면 짐승처럼 끝나는 것이다."라고
하나님께 맡긴다고 해서 되는 것도 아니고 열심히 공부하고 열심
히 벌어서 멋있게 사는 것이라고 생각한다. 비현실적이고 비과학
적인 영적 세계를 위해 시간을 바치고 물질을 바치는 것 정신없
는 짓이라고 생각할 것이다.
그러나 세상에 나가서 주님 없는 세계에서 살아보라 곧 고아처럼
외롭고 허무하고 좌절에 빠질 것이다.

2) 세상에서의 삶과 그리스도 안에서의 삶의 차이를 말해보라.

3) 우리는 우리의 힘으로 주님을 사랑할 수 있으며 주님의 일을 할
수 있는가?

4) 진정으로 주님을 사랑하는가? 그럼 주님의 양들을 치고 있는가?

5) 남의 일에 간섭하지 않았는지?

6) 주님을 위해 순교할 각오가 되었는가?

## 겟세마네기도(Praying)

주여!
요한복음을 주신 것을 감사합니다.
주님이 없는 세계는 지옥이고 주님이 계신 세계는 천국인 것
을 알았습니다.
세상을 보지 않게 하시고 주님만 보게 하옵소서.
자아가 죽게 하시고 주님 안에서 겸손해지고
낮아지게 하옵소서.
모든 것을 주님께 맡기게 하옵소서.
주님을 뜨겁게 사랑하게 하시고 주님의 양을
잘 먹이고 잘 치게 하옵소서.
예수님의 이름으로 기도합니다.

-아멘-

# 『살리는 샘에서 생수를 마시고……』

## 적용(Application)

  -오늘 말씀을 통해서 예수님께서 나에게 원하시는 것이 무엇일까
   에 대한 고백

   내가 중생했는지 확인하라.

   고백하지 않은 죄가 있는지 확인하라.

   성령 충만했는지 확인하라.

   성서를 하나님의 말씀으로 믿는가?

   성령의 사람이 되지 않고서는 성경을 이해할 수 없다.

 이 말씀은 영혼의 뿌리요, 살이요, 피요, 생기요, 검이요, 빛이요,
능력이다.

   하나님의 말씀은 살아서 역사하신다.

   ※ 생명 있고 깊이가 있는 신앙인마다 성구암송을 많이 했다.

## 겟세마네기도(Praying)

  -고백된 내용들을 가지고 이마에 땀이 맺히도록 기도

> 하나님 아버지!
> 성서를 배울 수 있게 하신 것을 감사합니다.
> 당신의 말씀으로 양식을 삼게 하소서.
> 요한사도에게 주셨던 영감을 우리에게 주시고, 요한복음에 숨
> 겨져 있는 하늘의 비밀을 남김없이 알려주옵소서.
> 말씀을 통해서 생수가 배에서 흘러넘치게 하옵소서.
> 예수 이름으로 기도합니다.
>                             -아멘-

# 구금섭(丘金燮)

## 학 력
서울신학대학교 졸업
University of the city of Manila(B.S)
아세아연합신학대학교 대학원 신학 석사(M.A)
호서대학교대학원 신학과 수학(Th.M)
성산효대학원대학교 사회복지학 석사(M.S.W)
Fuller Theological Seminary(D.Min)
국제신학대학원대학교 사회복지학 박사(D.S.W. candi)

## 경 력
큰나무교회 담임목사
경서신학, 고려신학, 경인신학, 기독교대한성결교회 목회신학원(대학원) 출강
그리스도대학교대학원. 한일장신대학교 사회복지학과 외래교수
서울신학대학교대학원 사회복지학과
국제신학대학원대학교, 성산효대학원대학교 출강

## 연구 논문
Redemptive Historical Preaching on the Desirable Formation of a Theology of Ministry
종교개혁원리에 입각한 한국교회 예배갱신
John Wesley의 사회복지사상에 관한 연구
사회변화에 따른 효 윤리의 재고와 노인복지
사회복지와 Spirituality의 상관성

## 저서
현대신학적 종말론 이해(아세아신학사)
낙방만세(아세아신학사)
구속사적 설교신학(한국학술정보(주))
요한웨슬레의 교회사회복지신학(한국학술정보(주))
로마서를 아십니까?(한국학술정보(주))
살리는 샘(한국학술정보(주))

# 살려늪샘

• 초판 인쇄   2007년 10월 30일
• 초판 발행   2007년 10월 30일

• 지 은 이   구금섭
• 펴 낸 이   채종준
• 펴 낸 곳   한국학술정보㈜
          경기도 파주시 교하읍 문발리 526-2
          파주출판문화정보산업단지
          전화  031) 908-3181(대표) · 팩스  031) 908-3189
          홈페이지  http://www.kstudy.com
          e-mail(출판사업팀사업부)  publish@kstudy.com
• 등   록   제일산-115호(2000. 6. 19)
• 가   격   15,000원

ISBN     978-89-534-7537-3 93230 (Paper Book)
         978-89-534-7538-0 98230 (e-Book)